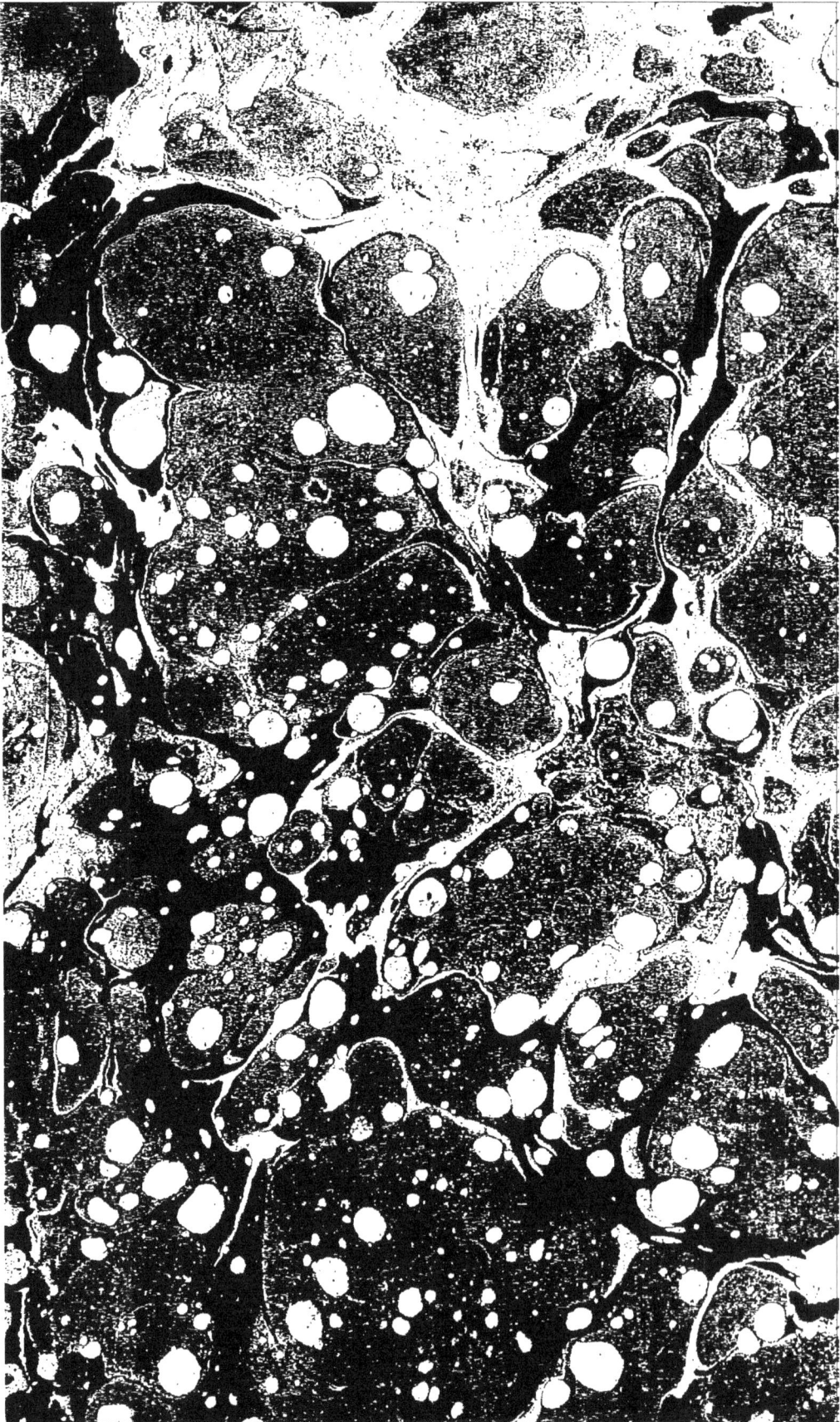

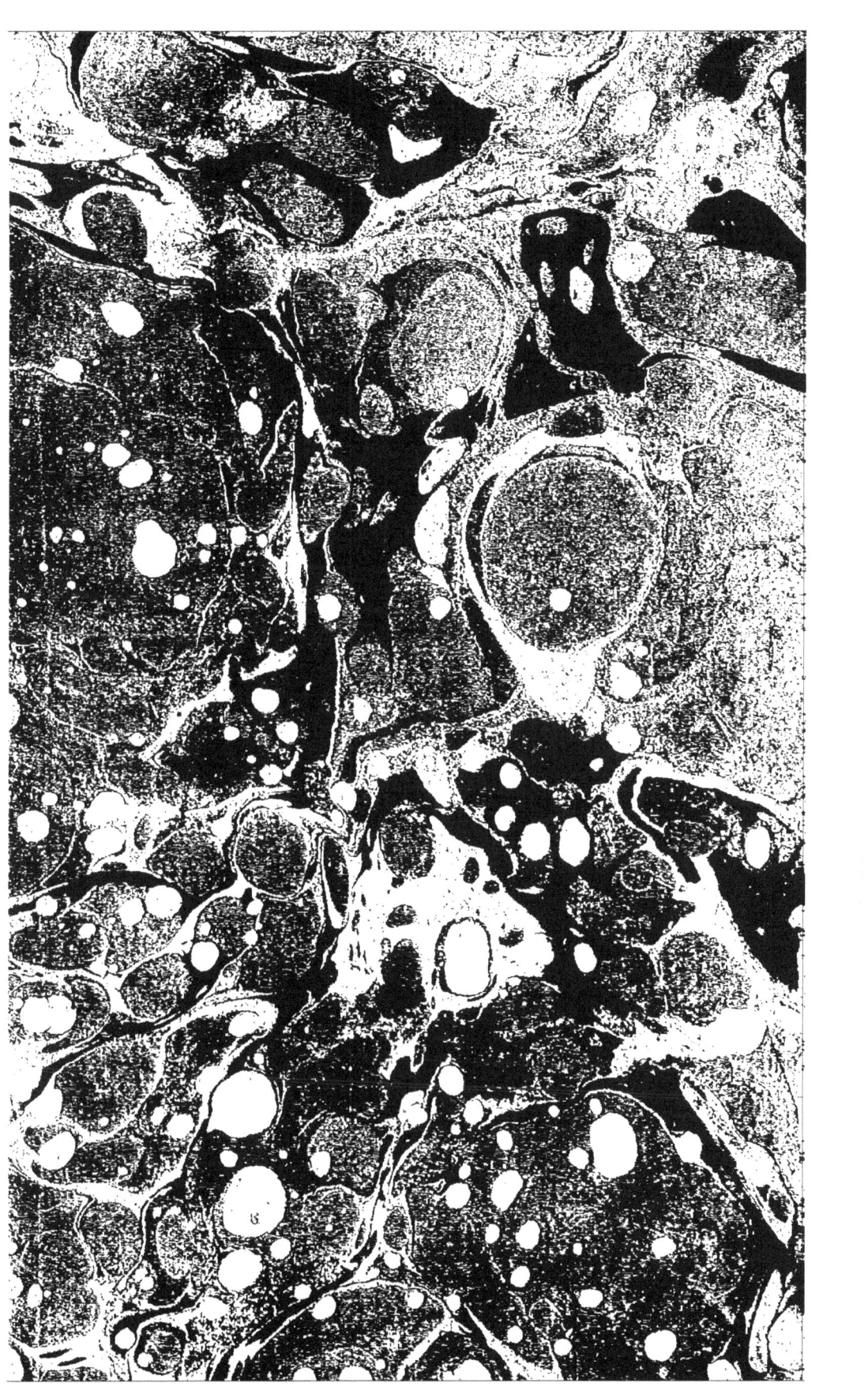

TRAITÉ

DES

TÉLÉGRAPHES.

SE TROUVE A PARIS;

Chez
{
Levrault, quai Malaquais ;
Treuttel et Wurtz , quai Voltaire ;
Fuchs , rue des Mathurins , hôtel de Cluny;
Renouard , rue Saint-André-des-Arcs ;
V⁰ Devaux , rue de Chartres et Palais-Egalité ;
Rondonneau , dép. des lois , place du Carrousel.
Et chez tous les Marchands de Nouveautés.
}

Prix , 2 fr. 50 c. et 3 fr. franc de port.

TRAITÉ
DES TÉLÉGRAPHES.

ET ESSAI

D'UN NOUVEL ÉTABLISSEMENT

DE CE GENRE,

Par M. Edelcrantz, Conseiller de la Chancellerie, Secrétaire-privé du Roi de Suède, Archiviste des Ordres de S. M. et l'un des dix-huit de l'Académie Suédoise,

TRADUIT DU SUÉDOIS,

Par HECTOR R......., Officier de la Marine Royale de Suède.

À PARIS,

De l'Imprimerie de C. F. Patris, Imprimeur-Libraire, quai Malaquais, N° 2, près la rue de Seine.

AN IX. — 1801.

TRAITÉ
DES TÉLÉGRAPHES.

O<small>N</small> peut communiquer immédiatement à
de très-grandes distances, soit par des signaux
simples, répondants à des phrases dont on
est convenu, ou par des signes successifs,
figurants des lettres et des mots. L'usage
des signaux simples nous vient de temps très-
éloignés; il en était de deux sortes, les uns pour
la vue, les autres pour l'ouïe. Les premiers
étaient les phares, les feux, la fumée (1), les

---

(1) Selon le récit de Polybe, c'est par de tels feux que
Persée recevait en Macédoine des avis de toutes ses pro-
vinces. Il est dit dans l'Agamemnon d'Æschyle, que
Clytemnestre reçut l'avis de la destruction de Troye,
par des feux allumés sur les Monts Ida, Lemnos, Athos,
Maciste, Mésape, Cythæron, Agioplante et Arachne

torches (2) , les pavillons , les étendards , les ja-
lons d'alarme. Parmi les autres sont les tambours, les trompettes , les coups de canon, etc...
Mais tous ces signaux ne désignant que des
avis, des demandes , des événements prévus
d'avance , sont loin , pour exprimer des idées
avec toutes leurs modifications , de cette per-

---

près d'Argos. Selon Pline , Annibal établit de semblables feux à la distance de 67,000 pieds romains (environ
deux milles de Suède ou cinq lieues de France).

(2) Il est aussi fait mention dans Homère et Pausanias ,
des signaux de torches , comme ayant été employés par
Palamède et Sinon pendant la guerre de Troye.

De la quantité de mots grecs relatifs à ce sujet, on
peut se convaincre du fréquent usage de ces signaux
dans la Grèce. Le mot φάρος , une tour près d'Alexan-
drie, signifioit les phares en général; πυρσός de moindres
feux , φρυκτός , les signaux de torches ; φρυκτωρός et
πορσευτής ; la sentinelle qui veille à ces feux , et , par leur
moyen, communique les avis; φρυκτωρία l'établissement
lui-même ; πυρσουρίον et φρυκτώριον la place où il a lieu ;
φρυκτωρέω et πυρσεύω , verbe qui exprime l'action de
veiller à ces avis, et de les envoyer; πυρσεία , la dépêche elle-même , l'écrit de torche ou l'avis qu'il communique.

fection qu'on obtient par le discours et par l'écriture, et même de celle à laquelle on est parvenu dans ces derniers temps, au moyen des Télégraphes ; car, quelle que soit la quantité d'idées qu'un tel signal puisse représenter, et la vîtesse avec laquelle un avis puisse être transmis, l'usage ne laisse pas d'en être imparfait, parce que le moindre changement dans la pensée, ou quelque circonstance accessoire rend le signal insuffisant (1) et en nécessite un nouveau : de sorte

(1) Plus pour sa singularité que pour son utilité, on peut citer parmi les anciens l'invention d'un certain Æneas, tacticien, et que Polybe décrit de la manière suivante :

Plusieurs personnes se placent à de grandes distances dans la direction que les avis doivent être communiqués, chacune avec une chaudière de même grandeur, et contenant une même quantité d'eau. Sur les côtés de chaque chaudière est un trou égal dans toutes, et sur l'eau nage un morceau de liége, auquel on fixe un bâton perpendiculaire, divisé par parties également éloignées les unes des autres. Aux divisions correspondantes de chaque bâton sont attachés des morceaux de papier contenant les mêmes avis, rapports, ordres, etc.... Toutes

que leur nombre, pour qu'il pût suffire, aurait besoin d'être infini.

Les signaux de mer, encore généralement usités, tels que ceux de pavillons et de fanaux, doivent, quoique beaucoup améliorés dans ces derniers temps, être rangés dans cette classe, et n'approchent pas de la perfection des vrais Télégraphes. Il est autant de différence entre la faculté qu'ont les premiers et celle de ces derniers, de rendre les idées, qu'il en est entre les hiéroglyphes et l'écriture ordinaire (1).

les personnes sont munies de torches : lorsque la première élève sa torche, elle débouche en même temps le tronc du vase ; la seconde élevant aussi sa torche, en fait autant ainsi de suite à chaque station. Quand l'eau du vase est assez écoulée, pour que la division qui porte l'avis corresponde à une certaine marque, la première personne baisse sa torche et remet le bouchon, les autres en font autant, et se trouvent ainsi connaître ce que la première a voulu faire savoir.

(1) Les signaux militaires des Grecs étaient divisés en *Symbola* et *Semeia* ou signes sonores, et en *Orata*, ou signes visibles. Les signes sonores, au moyen desquels

§ I I.

La véritable Télégraphie, ou, selon la signification de ce terme (1), l'art d'écrire de loin en se servant de lettres et de mots, était déjà connue des anciens. Polybe et Jules l'Africain font mention de son usage chez les Grecs et les Romains; il consistait en huit chaudières contenant des feux de petites branches ou de paille, que l'on entretenait avec de

---

on donnait le mot d'ordre, s'appelaient autrement *Synthemata*. Les signes visibles qui se faisaient sans bruit, par des mouvements de main, d'armes, ect. *Parasynthemata-Semeia*, devaient répondre à des drapeaux, des étendards, etc. *Voyez* Halles Fortges. Magie, vol. 7, pag. 338.

(1) Le mot *Télégraphe* dérive de τῆλε *procul*, et de γράφω *scribo*. La composition de ce mot est neuve, mais n'est pas entièrement exacte ; car elle n'exprime pas la rapidité avec laquelle on communique, au moyen de cette invention, quoique ce soit là ce qui en caractérise l'utilité. J'ignore quel est celui qui, le premier, a fait usage de ce mot dans son acception actuelle, si ce n'est Paulian, dont le *Dictionnaire de Physique* renferme le mot *Télégraphe.*

l'huile. Le nombre de chaudières enflammées désignait la place numérique d'une lettre dans un alphabet où elles étaient sur trois rangées de huit lettres chacune ; et un , deux, trois feux placés à quelques distances des chaudières , marquaient à quel signe appartenait la lettre. Un certain Démoclite inventa depuis une méthode plus simple , que Polybe ne fit qu'améliorer : l'alphabet, dans celle-ci, était divisé en cinq lignes ; chacune contenait cinq lettres , excepté la dernière , qui n'en avait que quatre. On élevait aux deux côtés d'une direction donnée, des torches dont le nombre désignait, sur un côté, la ligne , et sur l'autre, la place qu'occupait dans cette ligne la lettre dont on avait besoin (1). Ces procédés étaient simples , mais imparfaits, sur-tout dans un temps où , par défaut de lunettes d'approche , les distances entre les sta-

---

(1) Dans l'alphabet grec, qui contient vingt-quatre lettres , une torche, par exemple , de chaque coté , devait désigner α, et cinq torches sur le premier , et quatre sur le second côté la lettre ω.

tions devaient être courtes : ajoutez que ces signaux n'étaient visibles que de nuit. Au reste, ces inventions des Grecs paraissent avoir assez d'analogie avec la *Sttigano-gra-phia Trithemiana ;* Trithème, son inventeur, moine bénédictin, prétendit, vers la fin du quinzième siècle, pouvoir, par le secours du feu, envoyer des avis à quelque distance que ce fût; mais les véritables détails de son invention ne sont jamais parvenus à la connaissance du public (1). Ainsi, depuis les Grecs, les premiers essais (2) télégraphiques que l'on connaisse sont ceux qu'a décrits Atha-

---

(1) Les seuls connus se trouvent dans Trithemii *Epist. ad Arnold. Bostium*, insérés dans Schotti *Thaumaturgus Physicus*, **Lib.** 1. Voyez aussi Vallins *Disput. de arte Trithemianâ scribendi per ignem.*

(2) Dans Dan. Schventeri *Delic. Mathem.* p. 6 , *quæst.* 15. Porta, dans sa *Magia natur. Lib.* 17 , *cap.* 1 , cite aussi quelques anciens essais; mais c'est en si peu de mots, et d'une manière si confuse , qu'il ne mérite pas d'attention. *Voyez* C. Schotti *Magia univers. Pars.* 1 , *Lib.* 8 , *proœm.*

nasé Kirchère (1). Son procédé consiste à former, avec du papier ou avec quelqu'autre matière opaque, des lettres qui, collées sur des miroirs exposés au soleil ou à quelqu'autre lumière, devaient exprimer des phrases par leur ombre sur un mur ou plan quelconque; les rayons lumineux reportés sur ce plan, au moyen d'un verre convexe, y dessinaient l'ombre des lettres.

Quoique Porta, qui vivait avant Kirchère, ait assuré pouvoir, en écrivant de cette manière, être lu de la lune (2) ; quoique Cornélius-Agrippa ait avancé que Pythagore, voyageant en Egypte, écrivait à ses amis avec des caractères que l'on lisait à Constantinople, par la reflexion des rayons de la lune (3), on n'en sera pas moins convaincu des difficultés que le procédé de Kirchère présente dans son exécution, et de l'impossibilité de l'employer autrement qu'à de très-

(1) Dans son *Ars magna lucis et umbræ*, ou cet art est appelé *Cryptologia Catoptrica*.

(2) *Magia Nat. Lib.* 17, *Cap.* 17.

(3) *Philos. occulta*, *Lib* 1. Voyez Porta, *l. c.*

courtes distances. Mais celui qui mérite le plus d'attention est un anonyme qui, dans une lettre à Schotte, propose de correspondre de la manière suivante, entre Rome et Maïence.

On élève sur une éminence cinq mâts ou piquets à de telles distances respectives, qu'à cinq ou six mille suédois (dix à douze lieues françaises) on puisse, avec des télescopes, les distinguer facilement. Au haut de chaque mât on fixe une poulie avec laquelle on peut hisser une branche d'arbre, une gerbe de paille ou quelqu'autre chose de ce genre; l'alphabet est divisé en cinq lignes : pour indiquer à quelle ligne appartient la lettre qu'on veut désigner, on hisse d'abord un objet sur celui des mâts dont le numéro correspond à cettte ligne, et après qu'il est descendu, on en hisse un autre pour indiquer la place de la lettre dans cette même ligne. Ce procédé ressemble tout-à-fait à celui des Grecs, employé pendant le jour ; toutefois l'inventeur paraît être le premier qui ait proposé de se servir de télescopes. Kesler, qui vivait au commencement du siècle précédent, avança que des lettres transparentes et des mots composés de ces lettres , mis au fond d'un tonneau , pouvaient être visibles de fort loin (1). On prétend aussi qu'Amontous , physicien français , ayant dans sa jeunesse perdu l'ouïe , imagina une machine pour parler aux yeux un langage de signes , machine dont l'usage pouvait, au moyen des télescopes, étendre aussi beaucoup son effet (2) ; mais le mécanisme de son invention ne m'est point connu. Sur la fin du siècle précédent , Rob-Hook présenta à la société royale de Londres, un projet pour composer, au moyen de figures ou signes faciles à varier , des phrases qui pourraient être lues de loin; ces figures devaient être remplacées la nuit par des torches : mais ces projets , ainsi que les autres cités plus haut, n'ont jamais été mis en exécution. Plus récemment un nommé Dom Gautkey pré-

---

(1) Dans un Traité intitulé : *Verborgene , geheime künste von* Kessler.

(2) Voyez *Gentlemans Magazine* et *Journal für Fabrik, Manufactur und Handlung. Dec.* 1794.

tendit donner une manière d'expédier promptement des avis en les criant dans des tubes
très-longs (1). Ce qui lui fournit cette idée furent
des essais faits avec des tuyaux de mille toises
de long, appartenants à la pompe à feu de
Chaillot près Paris. Il crut que le son pourrait,
par les mêmes moyens, être propagé à une distance encore plus grande, et calcula qu'avec
des tuyaux de douze mille pieds, il en faudrait
cent cinquante, et cent cinquante personnes,
pour faire parvenir en quarante ou cinquante
minutes, des avis à la distance de cinquante
milles de Suède, (cent vingt-cinq lieues de
France). Guyot (2) décrit encore une manière de composer des phrases avec des lettres

(1) Voyez les *Expériences sur la propagation du son
dans des tuyaux prolongés.*

(2) Dans ses *Récréations Physiques et Mathématiques.*
Voyez Halles *Fortgesetze Magie*, *vol.* 7 , *pag.* 435.
Je n'ai pu trouver le passasse dans la traduction alle-
mande. D'après les gazettes, on a fait en Angleterre
de pareils essais avec des lettres transparentes, éclairées
par des lampes à tubes de verre, à la manière d'Argand.

découpées sur un tableau, et ses idées ont
de l'analogie avec celles de Kesler (1). Le
père Paulian, dans son Dictionnaire de Physique, art. *Télégraphe*, donne une méthode
semblable aux précédentes, mais plus simple.
Elle consiste en une figure transparente,
composée de trois raies horizontales et d'une
verticale, (*Voyez*, *fig.* 1.) découpées sur
un tableau noir, de vingt pieds de long sur
trois de large. Cette figure, qui pendant le
jour est éclairée par le soleil, et la nuit par
quelques lumières, a dix parties, que l'on rend
visibles ou invisibles, au moyen de volets
placés derrière (2). On prétend que le fameux

(1) Diodore de Sicile raconte que les Perses, par
une suite de cris répétés, envoyaient des nouvelles à
trente journées de distance.

(2) D'après l'idée de l'auteur, on peut ainsi produire
deux cents signes; mais le nombre des signes possibles de
vient plus grand, si on admet (ce qui est nécessaire) que
chaque division de la figure, ainsi que la distance entre
ces divisions peuvent se distinguer. En effet, si les positions, dont plusieurs objets sont susceptibles, sont ex-

journaliste Linguet, mis à la Bastille en 1782, offrit de payer sa liberté par le secret d'un procédé pour correspondre rapidement à toutes les distances. Le bruit courut alors qu'il employait l'électricité : mais ayant été élargi quelque temps après, on n'entendit plus parler ni de sa découverte, ni de ses moyens d'exécution (1). M. Bergstrasser de

primées, pour chaque objet, par des lettres telles que a, b, c, etc. alors la somme de toutes les combinaisons que peuvent fournir ces objets, sera égale au produit des sommes de positions particulières, c'est-à-dire $= a \times b \times c \cdot \cdot \cdot \cdot \cdot$ par conséquent, si chaque objet peut éprouver le même nombre de changements, c'est-à-dire, si $a = b = c$, etc., et que le nombre des objets soit égal n, le nombre des combinaisons sera $= a^n$; donc si $a = 2$ et $n = 10$, le nombre des signes deviendra $= 2$, élevé à la dixième puissance $= 1024$. Mais dans le cas où, pour éviter la ressemblance de plusieurs signes, on supposerait qu'un rang, par exemple le supérieur, est toujours visible, et détermine seulement la place des rangs inférieurs, alors le nombre des signes serait au moins $= 512$.

(1) M. Beuckman, professeur à Carlsruhe, prétend

Hanau a aussi publié dans sa *Synthémato-graphie*, beaucoup d'idées sur le même sujet; il emploie des feux, de la fumée, les sons plus ou moins aigus de divers instruments, des tambours, des trompettes, des coups de canon, et même combine ensemble tous ces signaux; mais je ne sache pas que sa mé-

---

que M. Chappe a emprunté toute son invention de M. Linguet, et fonde son sentiment sur deux raisons : 1° parce que selon une description secrète de l'invention de M. Linguet, que M. Beuckman s'est procurée, on ne sait comment, elle ressemble à un pied-de-roi, et par conséquent au Télégraphe français; 2° parce que Linguet ayant été arrêté à la fin de 1793, et décapité en juin 1794, au mois d'août de la même année, on entendit parler, pour la première fois, du Télégraphe de M. Chappe. Nous laissons la vraisemblance d'un semblable larcin au jugement de tous ceux qui connaissent l'ignorance de Linguet sur de pareils objets, ignorance prouvée par ses écrits, entr'autres celui sur les canaux navigables. Est-il également vraisemblable, que pendant tout le temps qui a suivi son arrestation, il n'eût pas songé à convaincre le public du droit qu'il avait à l'honneur d'une telle découverte ?

thode ait été éprouvée (1). Peu de temps après la découverte de M. Chappe, dont, en suivant l'ordre des dates, nous devrions parler ici, mais dont il sera question dans la suite, M. Buria, le 25 septembre 1794, lut à l'académie de Berlin un Traité sur la Télégraphie des anciens, et mit au jour deux de ses propres découvertes sur le même objet. La première consiste en un gros tuyau, au fond duquel on introduit des planches, sur lesquelles on a découpé des lettres, qu'un feu allumé derrière rend visibles, et que M. Buria croit également pouvoir être vues de jour. La seconde, qui ressemble beaucoup à celle des Grecs, mais qui est plus simple (2), consiste en quatre torches, avec les différentes

---

(1) Je n'ai pas eu l'occasion de voir l'ouvrage cité ci-dessus ; mais M. Beuckman en fait mention dans son Traité des Télégraphes : il faudrait, selon lui, huit mille coups de canon, ou autant de fusées, pour faire passer vingt-deux mots à la distance de cinquante milles, (ou cent vingt-cinq lieues de France).

(2) Il faudrait au moins dix torches pour celle des Grecs.

situations desquelles on forme, toujours sur, deux lignes, des signaux répondants à des lettres de l'alphabet. Pendant le jour on substitue des pavillons aux torches (1). Le célèbre M. Achard a fait à Berlin, avec un triangle, un parallélogramme et un cercle, des combinaisons de figures très-multipliées (2).

---

(1) Voyez *Journal der Manufactur und Haudlung*, *Déc.* 1794. M. Buria essaya de même une autre méthode télégraphique, qu'il regarde comme très-utile, quand deux personnes qui se connaissent sont arrêtées, et par hasard enfermées dans des chambres voisines ; elle consiste à grater ou à frapper alternativement sur le mur qui les sépare, de manière à composer un alphabet qui leur donne la facilité de parler ensemble. Voyez *Halles Fortgesetze Magie*, *vol.* 7 *pag.* 322, d'où est tiré une partie du récit précédent.

(2) Voyez *Journal der Manufactur*, et la *Gazette de Berlin du* 5 *mars* 1795, selon laquelle on a fait, par le moyen d'un Télégraphe portatif, l'essai de la méthode de M. Achard, entre Spandau et Berlin, à environ un mille (ou deux Lieues de distance). Cette machine fut démontée en dix-sept minutes, par huit charpentiers, et placée en trois minutes sur un chariot qui pouvait être traîné par deux chevaux. Selon la même Gazette, les

Parmi

Parmi les ouvrages les plus connus sur cette matière, on doit distinguer le Traité Télégraphique de M. Beuckman, publié à Carlsrue en 1795. Dans ce Traité, qui en même temps est historique, l'auteur divise en trois espèces les principes sur lesquels sont fondées toutes les méthodes télégraphiques ; savoir : la lumière, le son et l'électricité, comme étant dans la nature les agents dont l'effet est le plus prompt. Toutes les méthodes que nous venons de citer appartiènent à l'un des deux premiers. L'auteur donne son avis sur l'em-

changements ne devaient pas seulement se faire par la combinaison de trois, mais par celle de cinq objets télégraphiques, avec lesquels on énonçait, outre l'alphabet, vingt-trois mille sept cent cinquante mots, et même des phrases entières. On désirerait qu'il parût quelque description plus détaillée de cette invention, parce qu'elle est du petit nombre de celles qui ont été exécutées en grand, et qu'elle réunit à l'invention des signes, et à leurs significations, la manière mécanique de les exprimer ; ce qui fait la plus grande difficulté dans la pratique, quand on veut avoir plus de signes que dans l'alphabet ordinaire.

ploi de l'électricité en général; mais il con-
vient que la lumière est le moyen le plus effi-
cace, quoique en certaines occasions son effet
puisse avoir besoin du concours des autres.
M. Beuckman divise en quatre sortes les signes télégraphiques; 1º en surfaces ou plans
de deux couleurs très-opposées (1); 2º en surfaces colorées, sur lesquelles sont peintes des
figures de diverses couleurs (2); 3º en signes
transparents sur un fond obscur (3); 4º en

---

(1) *Voyez*, *fig.* 2. Un tel tableau est divisé en deux
parties peintes de deux couleurs qui peuvent bien se
distinguer l'une de l'autre. Quand le tableau tourne sur
son axe, il reçoit quatre situations différentes, et ainsi
six tableaux fournissent vingt-quatre signes qui répondent à l'alphabet; un plus grand nombre de tableaux
fournirait plus ou autant de signes qu'on voudrait.

(2) *Voyez*, *fig.* 3. Ces tableaux sont ou blancs avec
des signes rouges, ou rouges avec des signes blancs.
Les changements sont les mêmes que dans la figure précédente.

(3) Si, comme dans la *fig.* 4, le fond paraît noir, et le
signe découpé ou transparent, il est facile de comprendre
cette méthode, qui s'accorde avec plusieurs de celles
citées plus haut.

signes obscurs sur un fond transparent (1).
Il y joint différentes remarques sur la Télégraphie; mais j'ignore si l'on a fait en grand
quelqu'essai de ses procédés (2).

---

(1) Selon la méthode de M. Hook, des lettres noires
découpées, ou d'autres signes noirs, dont le profil se
voit contre le jour, ou contre quelque fond blanc, remplissent ce but. *Voyez la fig.* 5.

(2) Dans le *Journal Politique de Hambourg*, il est
parlé d'une méthode de M. Pfeninguer, pour exprimer
des lettres par des tambours et des étendards; et dans
Bernouillis Kleine Reisen, vol. 8, on en trouve une
semblable, au moyen de cinq cloches, mais elles ne
paraissent rien contenir de nouveau; en général tous
les signes pour l'ouïe seront sujets à beaucoup de difficultés, aussi long-temps qu'on n'inventera pas quelqu'instrument qui ait la faculté d'augmenter le son,
comme le télescope à celle d'étendre la vue. M. de Mou-
lins a aussi publié un Traité de Télégraphie; mais qui
n'est proprement qu'historique. On voit dans les gazettes
que M. Wolque a fait à Pétersbourg l'essai d'un Télégraphe de son invention, et que le même Télégraphe a
été établi en Danemarck, mais il n'a encore paru aucun
détail sur ces essais.

§ I I I.

Les principales qualités nécessaires à un bon Télégraphe sont :

La perfection dans le principe de la machine et dans la qualité des signes.

La perfection dans les moyens de faire mouvoir cette machine.

La première demande 1° un nombre de signes suffisant pour pouvoir exprimer non seulement des lettres, mais même les mots et les phrases les plus usités ; 2° une clarté dans les signes telle que chacun puisse se voir bien distinctement ; 3° que l'application de ces signes, dans leurs significations respectives, soit facile à retenir et à comprendre.

La seconde exige 1° le moins de force et de frottement possible ; 2° de la vîtesse dans les mouvements et dans les changements de signes ; 3° de la sûreté pour éviter les méprises et les équivoques.

§ I V.

C'est à M. Chappe de Paris qu'appartient l'honneur d'avoir, le premier, réuni toutes ces qualités dans le Télégraphe de son invention (1) : non seulement il a proposé de faire parvenir, à quelque distance que ce fût, des avis exprimés correctement par des mots, mais il l'a exécuté en grand avec une vîtesse qui surpasse celle du son. Cet art, destiné

---

(1) Outre Linguet, on a voulu encore en attribuer la gloire à Hamontons, et à Hopk; mais sans preuve. *Voy. Journal für Manuf. und Handlung. Déc.* 1794. Souvent quand il s'agit d'une nouvelle découverte, une partie du public la regarde comme inutile, une autre comme impossible; quand enfin on l'a portée au point où l'on ne peut plus en nier ni la possibilité ni l'utilité, la plupart s'accordent alors à dire que la chose était très-facile; l'on trouve même qu'elle était connue long-temps auparavant. Ce n'est point pour imiter quelqu'un de ces juges, que j'ai rassemblé les précédentes notes historiques. Au contraire, c'est pour prouver combien peu tout ce qui a été fait sur cette matière a droit de diminuer l'honneur dû à M. Chappe pour cette découverte.

peut-être à l'utilité publique plus qu'à l'utilité particulière , a dû mériter l'attention
dans un temps aussi fertile en grands événements que celui-ci, où le sort de tant de
pays et de millions d'hommes, dépend quelquefois d'un seul moment décisif ; dans un
temps où l'importance des événements et la
nécessité d'en préparer ou d'en prévenir les
suites augmentent le prix de la célérité des
avis. Il a sur-tout été bien reçu chez une
nation qui, se donnant une nouvelle forme
de gouvernement, a dû accueillir avec joie
les efforts du génie, pour diminuer les effets
d'un des défauts inséparables du gouvernement démocratique, la lenteur dans les ex-
péditions.

§ V.

D'après les récits et les descriptions , on
sait que le Télégraphe français (1) est com-

(1) Le Télégraphe de Paris, extérieurement représenté
dans la *fig.* 7 , est placé sur le Louvre. D'après le récit

posé d'une longue branche AB (*fig.* 6), tournant autour d'un axe C entrant dans son milieu, et fixée sur un mât CF, lequel sert à élever la machine, et à rendre ses mouvements visibles. Aux deux extrémités de AB sont deux autres branches AD et BE, moitié moins longues que la première, et se mouvant autour des points A et B. Des différentes inclinaisons de ces trois branches sur l'horizon, ou sur le mât vertical CF, et des positions où elles se trouvent les unes à l'égard des autres, proviènent des figures qui paraissent assez ressemblantes aux caractères de l'alphabet Runique, ou à ceux de quelque peuple plus ancien. Les lignes a C b, a C b indiquent les positions de la longue branche, qui sont au nombre de quatre, en évaluant la distance de l'une à l'autre à 45 degrés. Les lignes A d, A d, et B e, B e désignent toutes les situations des branches courtes au

---

des voyageurs il est peint des trois couleurs nationales. Au-dessous est une espèce d'observatoire dont le pourtour est en fenêtres.

nombre de 8 , dans la même hypothèse que ci-dessus (1). En conséquence , puisque les petites branches suivent toujours les mouvements de la longue, dans chacune de ses positions, et qu'elles peuvent de même changer les leurs, il résultera, par la combinaison de ces trois branches, deux cent cinquante-six positions ou signes distincts (2).

(1) Il est facile de voir que les caractères de la *fig.* 8 ne sont autre chose que les différentes situations de ce Télégraphe , en partie dessinées dans la *fig.* 7. On peut, à son gré , par des chiffres , déterminer et changer la signification de ces signes ; l'application qu'on en a faite à Leipzig, d'après une description qu'on y a reçue en 1794, du Télégraphe de Paris , de laquelle est tirée cette table , n'est pas heureuse , et diffère beaucoup de la manière dont M. Chappe les emploie ; il n'est pas probable que les grandes et les petites lettres y soient différenciées , et qu'on fasse une attention également rigoureuse à tous les signes qui nécessairement se présentent dans l'écriture ordinaire , ainsi que le montre la *fig.* 9 , dans l'écrit qui annonce la nouvelle de la prise de Conde , en style télégraphique ; il est tiré de *Halles Fortgesetze Magie*, *vol.* 7 *table* 8.

(2) Selon la note 14 du paragraphe second , le nombre

On n'a pas encore, que je sache, des notions exactes sur la composition intérieure de cette machine , sur la manière de la faire mouvoir, sur l'emploi ou la signification des signes dont chacun peut déterminer la valeur à son gré (1) ; probablement il se trouve au

---

de ces signes est dans ce cas $= 4 \times 8 \times 8 = 256$. Supposé que la différence entre chaque situation des bras soit de 30 degrés au lieu de 45, le nombre devient alors $= 6 \times 12 \times 12 = 864$. Ainsi il serait facile , par la diminution des angles d'inclinaison, d'augmenter à volonté le nombre des signes, si ces signes ne devenaient en même proportion moins clairs et moins distincts.

(1) Le rapport sur le Télégraphe , fait à la convention par M. Lakanal, au nom du comité d'instruction publique, représente cet instrument comme consistant en trois branches semblables à des jalousies, avec lesquelles on peut former dix signes ; ainsi il diffère beaucoup des descriptions qu'on a reçues depuis de cette machine ; quoique dans son principe le rapport ait pu être conforme au premier Télégraphe de M. Chappe , avant qu'il fût porté à un plus haut degré de perfection. M. Buschendorf a publié , sous le titre de *der Telegraph für Deutschland dans der Journal der Fabrik und Manuf. Dec.* 1794,

pied du Télégraphe, dans l'observatoire même, trois branches semblables, mais moindres, qui par quelque mécanisme, sont si unies à celles d'en haut, que chaque position donnée en F ; en produit une pareille en C. J'ignore si ces mouvements successifs se font par des cordes sur poulies, ou par le secours de ressorts ou de quelque espèce de roue dentée et de pignons qui y répondent ; sur cela les sentiments sont divisés. En tout cas, les branches AD et BE doivent avoir en A et en B quelque contre-poids sur l'autre côté de l'axe, qui rende l'effet de leur pesanteur insensible dans toutes les situations.

§ V I.

Aussitôt que les gazettes firent mention de

---

une description détaillée du Télégraphe, qui ressemble, dans sa forme et ses principes, à celui de France ; mais la construction intérieure, le mouvement et l'application des signes sur lesquels il prétend n'avoir reçu de France aucun éclaircissement, sont de son invention.

cette machine et de ses effets (1), on voulut, en plusieurs endroits de l'Europe, en découvrir la construction, ou trouver de nouveaux procédés pour atteindre le même but.

---

(1) La première neuvelle importante que le Télégraphe français communiqua à Paris, fut la reddition de Condé, qui est située à quatre lieues de Lille. Le Télégraphe de Lille, éloigné de quarante-sept lieues de Paris, envoya en vingt minutes la dépêche suivante : *Condé est au pouvoir de la république, et la garnison prisonnière de guerre.* La convention rendit aussitôt le décret suivant : *La place ne sera plus appelée Condé, mais Nord-Libre, et l'armée ne cesse de bien mériter de la patrie.* Ce décret fut aussitôt envoyé par le Télégraphe, et en moins de soixante-quinze minutes, la convention reçut, pendant la même session, la réponse que le décret était parvenu, et avait été envoyé par un courier extraordinaire à Nord-Libre; vingt heures après arriva le courier qui confirma la reddition de la place. Le Télégraphe donna aussi la nouvelle de la prise de Valenciennes, du Quesnoy, de Landrecie, et quelque temps après il transmit les détails circonstanciés de la retraite des Anglais de Bois-le-Duc, de même que le projet du plan d'opération qu'on serait dans le cas d'adopter : ce plan, discuté et arrêté, fut, avec l'approbation de l'assemblée, envoyé de la même manière.

Au mois de septembre (1) 1794 je commençai des expériences qui me conduisirent à plusieurs constructions de Télégraphes, dont quelques-unes ressemblaient, et les autres pas du tout, à celle du Télégraphe français; j'ai continué ces essais pour donner plus de perfection à la construction et à l'usage de celui que j'ai cru, eu égard à toutes les circonstances, réunir le plus d'avantages. La première forme que je choisis avait assez de ressemblance à celle du Télégraphe parisien.

AB (*fig.* 10) est une perche verticale sur laquelle sont fixées deux traverses CD et EF égales entr'elles, et mobiles sur leurs axes en

(1) On avait déjà publié, au mois de novembre 1794, l'invention du Télégraphe avec dix signes, tel qu'il est décrit dans le septième paragraphe. Voyez *Inrikes Tid. den. 5 Nov. 1794.* Voyez aussi *Hamburger Correspond. pour Nov.* et *Journal der Manufactur und Handlung, pour décembre de la même année.* Mais j'ai cru devoir différer de rendre compte au public de mes travaux sur cet objet, pour ne pas seulement lui donner des probabilités, mais le résultat de véritables essais faits en grand.

G et H. De chaque branche C D et E F, partent des fils qui passent dans des poulies en
GH , et qui se terminent par des anneaux
qui se fixent sur les goupilles 1 , 2 , 3 , 4, en
k, k; au moyen de ces fils les deux branches mobiles peuvent changer leur situation verticale, qui est celle où la machine
est en repos, en une horizontale ou en deux
positions inclinées de 45 degrés au-dessus ou
au-dessous de la précédente. Ces quatre situations sont marquées par les chiffres 1 , 2 ,
3, 4, au haut de la figure, et ont lieu lorsque
les anneaux sont accrochés, chacun de leur
côté, sur les goupilles correspondantes ; ce
mouvement produit $4 \times 4 = 16$ positions qui
sont exprimées dans la table de la manière
suivante : le premier chiffre désigne la situation de la traverse supérieure, et le second ,
la position de la traverse inférieure. Au dessous des chiffres qui indiquent les différentes
positions du Télégraphe, sont placées les lettres qui y correspondent, elles sont réduites
à 16.

11	12	13	14
a	b	c, k	d, t
21	22	23	24
e, ai	g	h	i
31	32	33	34
l	m	n	o
41	42	43	44
p	r	s	u

La lettre f ayant à-peu-près le même son que ph, est représentée par les signes correspondants à ces deux lettres; au a presque le même son que o, $œ$, eu $q = k$, (1). Outre ces seize signes les combinaisons des mouvements ou balancements des branches en produiraient quarante-huit nouveaux, ce qui ferait en tout soixante-quatre; mais ces derniers seraient sujets à trop d'obscurité. Aussi, quelque simple que fût cette machine,

_____

(1) Ceci est propre à l'alphabet suédois, qui a de plus que le français, trois voyelles, Å qui équivaut à l'au des Français, Ä à l'ai, et Ö à l'eu.

(*Note du Traducteur.*)

comme le manque de signes en .rendait
l'usage difficile, j'abandonnai promptement
cette idée. Si les branches mobiles, au lieu
de dépasser des deux côtés, n'avaient que
la moitié de leur longueur, les différentes
situations des branches seraient, selon le
principe précédent, au nombre de huit,
(*Voyez la fig.* 12 du Télégraphe français,
où les branches sont plus courtes) et les
combinaisons des deux, sans compter les
mouvements, se monteraient à 64. Trois
branches semblables donneraient 512, 4 $=$
4096 et 5 $=$ 32768 signes : car, en général, si
le nombre des branches $= n$, celui des signes sera $= 8^n$ (1). En construisant des Télégraphes d'après cette méthode, chaque
petite branche devrait être chargée d'un
contre-poids tel, que dans toutes les situa-

_____

(1) Parce que les positions de chaque branche étant au
nombre de 8, celui des combinaisons est alors égal 8,
élevé à une puissance marquée par le nombre des branches.

(*Note du Traducteur*).

tions elle fût en équilibre, et alors le mouvement nécessaire pour varier les positions des branches sous des angles de 45 degrés, pourrait s'éxécuter soit au moyen d'une corde fixée sur l'axe, soit par une roue dentée correspondante à un bras. Les situations des branches pourraient s'exprimer avec des chiffres depuis o jusqu'à 7; ainsi, en admettant trois branches, on formerait une table parfaitement semblable à celle qui est jointe à ce Traité (1), table qui serait d'un usage facile pour une pareille machine. Une position horizontale (*Voyez fig.* 13) serait plus avantageuse qu'un pied vertical. Mais lorsqu'on établit un Télégraphe avec des branches courtes, chaque branche doit plutôt reposer sur un pied particulier, parce qu'autrement deux des situations ne pourraient être distinguées, et leur nombre serait réduit à 7 seulement; (*Voyez fig.* 14) où chacun trouve sans peine les situations des cinq

---

(1) *Voyez* ci-après, § 9.

branches

branches exprimées par 36204. Une telle machine a beaucoup de simplicité dans son principe, une surabondance de signes, beaucoup de facilité à les exprimer; mais un moindre volume, plus de vîtesse et de facilité dans les mouvements, *plus de clarté* et de *sûreté pour la vue*, sans compter plusieurs autres circonstances, comme celle d'en faire usage pendant la nuit, me portèrent à donner la préférence à la construction suivante :

§ V I I.

a, b, c, d, e, f, (*fig.* 15) est un *assemblage en bois qui ressemble à une grille*, dans les jours de laquelle sont placés dix volets à une égale distance l'un de l'autre, et sur trois rangées verticales, dont celle du milieu contient quatre volets. Ces volets, aussi minces que possible, doivent être faits de bois, de cuivre ou de fer, et sont fixés chacun sur un axe o n, dont, les extrémités se meuvent dans des trous pratiqués aux côtés de la grille. Sur l'axe o n, perpendiculairement à sa direction, mais sous une incli-

3

naison de 45 degrés au plan du volet, est fixée une petite branche *m s* ; de l'une de ses extrémités descend jusqu'au pied de la grille un fil, au moyen duquel et de la branche, le volet peut recevoir à volonté une situation verticale ou horizontale. La *fig.* 15 représente tous les volets verticalement, et la *fig.* 16 montre le profil de la machine, les volets étant dans une position horizontale. Lorsque les volets, qui sont très-minces, sont vus à une certaine distance et parallèlement à l'horizon, on comprend facilement que ceux que représente la *fig.* 16 sont presque imperceptibles, mais qu'ils deviènent visibles si, en tirant le fil *s k*, on leur donne une situation verticale. La position de la *fig.* 16 est celle de la machine en repos, parce que les volets entraînés par un poids *q* suspendu au fil *l q* (1), s'abbaissent naturellement et

_____

(1) Ce poids consiste en une caisse de bois ou de ferblanc, remplie de pierres, plus ou moins, selon que l'exige l'effet du vent sur les volets.

reposent sur la goupille *l p* (1). Dans l'autre position, *fig.* 15, ils sont maintenus dans une situation verticale, au moyen d'un morceau de bois *p*, placé derrière chaque volet, quoique pour plus de clarté la figure le montre devant. Afin que les fils ne s'embarassent pas les uns dans les autres, les petites traverses *m s* sont placées dans les mêmes rangées verticales, à une distance inégale de leurs volets respectifs. Elles servent à maintenir les fils qui descendent de petits trous pratiqués dans la planche *u r* ou *u, u, u,* (*Voyez fig.* 17) qui en montre le plan. Si on fait ensuite passer ces fils en se croisant à travers la planche *w w*, et qu'on les termine par 10 anneaux *t t*, correspondant chacun à un doigt, on pourra, sur de petites machines, par le seul mouvement des mains, abaisser ou élever autant de volets que l'on voudra (2).

_____

(1) Ce fil, qui passe sur une petite poulie, est attaché à l'extrémité de *l, p.* (*fig.* 16).

(2) Outre que le nombre des signes fournis par dix

§ V I I I.

D'après cette construction , on peut , en élevant ou en abaissant les volets , former 1024 combinaisons , ou autant de signaux très-clairs (1). Pour les distinguer les uns des autres et les répéter au besoin , je les exprime par des chiffres , selon le principe suivant. Met-

---

volets est plus que suffisant, j'ai borné le Télégraphe à ce nombre, par la raison que les seules combinaisons et mouvements des doigts suffisent pour produire sur une moindre machine tous les signes.

(1) Selon ce qui a été dit plus haut, le nombre des changements de chaque volet $= 2$, celui des volets $= n$, et le nombre des combinaisons $= 2^n$ pour toutes les machines de cette espèce. Dans le cas présent $12 = 10$, donc $2^n = 1024$. Si le Télégraphe était composé de quatre rangées avec quatre volets sur chacune, le nombre des signaux serait alors $= 2^{16} = 65536$. On trouve par-là que si les dix volets étaient rangés sur une même ligne , le nombre des signes ne changerait pas. C'est sur-tout pour la promptitude de la construction, et particulière-ment pour la facilité d'exprimer les signaux par des chiffres, que les volets ont été divisés en rangées.

tant à part le volet supérieur A , je considère la machine comme ne consistant qu'en
trois lignes verticales , avec trois volets sur
chaque ligne. Je donne au volet supérieur de
chaque ligne la valeur 1 , au second 2 , et
au dernier 4 ; et de la valeur des volets isolés
je tire l'expression des volets combinés. Lorsque le premier et le second volet d'une ligne
sont visibles , j'appèle cela $3 = 1 + 2$: le
premier et le troisième $5 = 1 + 4$; le second et le troisième $6 = 2 + 4$, et tous
les trois ensemble $7 = 1 + 2 + 4$, et ainsi
de suite pour chacune des trois lignes verticales. Si dans quelque ligne on ne voit point
de volets levés , on exprime le vide de cette
ligne par o ; ainsi la position du Télégraphe
(*fig.* 18) est exprimée par 356 , et (*fig.* 19)
par 170. Ces trois lignes, sans le volet A ,
donnent 512 signaux différents , et ce nombre
est double , en les combinant avec A. Dans
ce cas on écrit la lettre A devant le signe ,
par exemple , (*fig.* 20) A 706 , (*fig.* 21)
A 003 , etc. On aura attention de commencer
à compter les rangs du côté gauche de celui

qui manœuvre (1), ou, pour parler plus clairement, du côté où est située la branche H (*fig.* 15), qui est fixée sur un côté du Télégraphe, en partie pour cette raison, en partie pour désigner dans chaque rangée le volet du milieu ; cette branche est mobile sur des pentures, afin de pouvoir, en la mettant dans une position perpendiculaire au plan du Télégraphe, la rendre invisible à volonté.

---

(1) On conçoit aisément que cette manière de compter pourrait également s'employer dans un sens horizontal, et qu'il serait indifférent par lequel des trois côtés on commencerait à compter. On conçoit aussi que chaque signe pourrait, d'après ce principe, être exprimé par des chiffres de huit manières. par exemple, le chiffre *fig.* 19, se lirait,

Verticalement	Horizontalement
170	322
071	622
074	223
470	226

La manière de compter que j'ai choisie m'a paru la plus naturelle, sur-tout pour le mécanisme des fils.

§ X I I.

On produit les signes sur la machine selon
le principe d'après lequel on les lit. Les dix
volets *u t*, (*fig.* 17) qui sont tirés par chaque
doigt (*Voy.* § 7) répondent aux volets de
la manière suivante. Le premier à gauche
répond au volet A ; les neuf autres répondent aux trois lignes verticales, dans le même
ordre que la valeur de chaque volet 1 , 2,
4 ; ainsi , si l'on veut exprimer le signe
305 , on ne touche pas au premier fil ; des
fils de la première ligne on tire 1 , 2; de
ceux de la seconde aucun; de ceux de la
troisième 1 , 4; de cette manière on place
verticalement, par la seule combinaison des
doigts, les volets qui forment le signe précédent.

§ X.

D'après la manière de compter décrite
dans le paragraphe 8, on peut, sans le volet
A, exprimer avec les neuf autres volets tous
les nombres de trois chiffres, depuis 000

jusqu'à 777 , qui ne contiènent pas 8 ou 9,
il est clair que leur quantité est la même
que celle des signaux ou = 512 , et que ,
comme la quantité de ceux-ci, elle est dou-
blée par A. Chaque signal a une signification
correspondante , que l'on peut voir dans la
table des chiffres télégraphiques ci-jointe, où
les nombres se succèdent dans leur ordre
naturel , et les lettres ou syllabes correspondantes, dans l'ordre alphabétique. J'ai cher-
ché , par un calcul assez laborieux , les lettres simples qui se présentent le plus souvent en parlant , ainsi que certains mots
d'un usage plus commun. On conçoit l'application de cette table au premier coup-d'œil.
On trouve dans chaque colonne deux rangs
de chiffres ; celui qui est à la gauche des
syllabes croît depuis trois 000 jusqu'à 777.
Celui qui est à la droite commence depuis
777 , et décroît jusqu'à 000. On emploie
le premier dans la correspondance télégraphique de jour, et le second dans celle de
nuit, comme il sera mieux expliqué plus bas.
La somme des deux nombres correspondants

se monte toujours dans les deux rangs à 777.
Pour exprimer les 9 chiffres on emploie les
volets simples ou isolés (1) qui par-là reçoi-
vent en quelque sorte une autre valeur que
celle qu'ils ont dans leurs combinaisons
entr'eux. A signifie alors o, de la manière
suivante :

001 = 1	A 001 = 10
002 = 2	A 002 = 20
004 = 3	A 004 = 30
010 = 4	A 010 = 40
020 = 5	A 020 = 50
040 = 6	A 040 = 60
100 = 7	A 100 = 70
200 = 8	A 200 = 80
400 = 9	A 400 = 90

(1) Si on voulait, au moyen de ces dix chiffres, rangés
dans tous les sens possibles, représenter des nombres
dans l'ordre ordinaire, la quantité de tous les signes
possibles serait, d'après la loi de permutation $= 1. 2. +$
$1. 2. 3. + 1. 2. 3. 4. + \ldots \ldots 1. 2. 3. 4. 5. 6. 7.$
$8. 9. 10 = 4,037,912$; mais tous ces signaux sont sujets
à beaucoup d'incertitude, parce qu'il ne faut pas seulement observer chaque fois quels volets sont visibles, mais
encore dans quel ordre ils le sont devenus.

Les centaines et les milles sont marqués séparément dans la table, pour éviter la répétition de plusieurs o (1).

Pour exprimer certains mots qui en général se présentent plus souvent dans la correspondance, et que l'on trouve dans la table en lettres italiques, on a préféré des signes qui, par leur forme, se gravent facilement dans la mémoire; ils sont appelés signes fixes, parce qu'ils forment une phrase sans liaison avec les autres; tels que 272, 525, 757, (*Voyez* la table). A la fin de la table on trouvera quelques nombres que j'ai laissés sans désignations, pour que chacun les emploie conformément à son goût et au sujet de sa correspondance (2). Il faut de même dresser

---

(1) Ainsi on exprime le nombre 900,000 par 400. 112 426.

(2) Pour la guerre de terre, pour celle de mer, pour les lettres ministérielles, enfin pour chaque sorte de correspondance, il y a une certaine quantité de mots techniques auxquels on doit avoir attention en formant une telle table.

une table particulière pour les signaux qui
proviènent de l'union de ceux-ci avec A :
elle sera plus étendue , parce que les désignations y seront formées de mots et de
phrases entières, et d'autant plus utile qu'elle
contribuera à abréger l'écriture (1).

§ X I.

Quand la correspondance exigera le secret ,
on substituera à toutes ces significations des
changements de chiffres que l'on peut ima-
giner à l'infini. Les bornes de ce Traité ne me
permettent pas d'entrer dans de plus grands
détails sur ce sujet; on pourrait employer ,
en ce cas , différentes méthodes déjà connues
de cryptographie : mais celles dont je fais
usage d'après le système de cette machine ,
et de la combinaison de ses signes , méthode
qui peut s'appliquer à tous les autres Télé-

---

(1) Par la même raison on doit exprimer avec le plus
de brièveté possible , tout ce qu'on écrit avec le Télégraphe , et employer les abréviations qui ne présentent
pas d'obscurités.

graphes, avec peu de changements, est celle qui suit : ABCD (*fig.* 24) est un carré de papier ou de parchemin, divisé en autant de petites parties qu'il y a de syllabes ou de signaux (1). On fait, dans chacune de ces parties des trous ronds à une égale distance les uns des autres, au-dessus desquels sont écrites, dans l'ordre alphabétique, les lettres ou les syllabes qui forment la table des chiffres. EFGH est un autre carré divisé en parties égales, ayant une surface quadruple du précédent, ou consistant en quatre carrés égaux à la table ou à la grille ABDC. On trouve dans chacun de ceux-ci les chiffres qui répondent aux syllabes inscrites dans la grille ABDC, de façon que lorsqu'on place cette dernière sur un carré tel que EIMN, on voit par les ouvertures rondes, au-dessous

---

(1) Si ce nombre n'était pas précisément un carré, on prendrait le premier nombre au dessous, qui serait un carré exact. J'emploie ici, par exemple, la table de chiffres pour le Télégraphe décrit dans le § 6, dont les signaux sont au nombre de 16.

de chaque syllabe, le chiffre qui lui correspond dans la table des chiffres. La même
chose a lieu si on place la grille ABDC sur
quelqu'un des trois autres carrés IFKN,
NKHL et LNMG. Mais si on la transporte
en quelqu'autre situation, comme en $r\,o\,p\,q$;
il est clair que chaque syllabe portera sur
un autre nombre qu'auparavant, et qu'ainsi
les signaux ou les chiffres changeront de significations. Si le côté de la grille d de-
meure toujours parallèle à EF, le nombre
des changements possibles sera aussi grand
que le nombre des signes dans chacun des
carrés : car on peut, par exemple, changer
aussi souvent le coin supérieur de la grille,
sans qu'il reviène dans la même place ; mais
comme les trois autres côtés de la grille $e,f,g,$
peuvent aussi être tournés parallèlement à
EF, et après cela les positions de la grille
être variées comme précédemment, il sera
encore possible de former pour chacune des
principales situations un aussi grand nombre
de changements qu'il y a de chiffres. Par
conséquent, si le nombre des carreaux de

chaque carré ou même de la grille est $= n$;
le nombre des changements de chiffres dans
ces quatre situations principales devient $=$
$4 n$; de plus, si on retourne la grille, et que
l'on écrive sur son revers les mêmes lettres
ou syllabes dans un ordre alphabétique ren-
versé, c'est-à-dire de droite à gauche, comme
en STUX ; en faisant mouvoir de la même
manière que ci-dessus, les côtés h, i, k, l
de cette nouvelle surface, on aura encore
autant de nouveaux changements de chiffres,
de sorte que leur totalité sera $= 8 n$. Le
carré de chiffres pour la *fig.* 11 ne consiste,
comme le Télégraphe du § 6, qu'en 16 signes ; par conséquent $8 n$ égale seulement
128 ; mais pour la machine décrite § 7,
laquelle peut produire 512 signaux, j'emploie un carré de 484 signes, et alors $8 n$,
où le nombre total des changements de chiffres $= 3872$. Si ces mêmes signes étaient
combinés avec A, le carré devrait être $=$
1024, et le nombre des changements de chiffres serait $= 8192$.

§ X I I.

On doit considérer deux choses pour désigner facilement et retrouver celui de ces
chiffres dont on se sert dans quelque écrit;
1º la position principale de la grille sur EF ,
eu égard aux 8 côtés d, e, f, g, h, i, k, l;
2º la place de la grille dans chaque situation
principale. La première est désignée, au lieu
de lettres, par des nombres qui leur répondent dans la table ordinaire; la seconde l'est
par le nombre qui dans cette place donnée,
répond à une certaine syllabe ou mot convenu qu'on appèle la clef du chiffre, et qui
en fait le secret : car, quand le côté supérieur et la signification d'un signal sont don-
nés, tout le reste est déterminé (1).

---

(1) D'après cela, si la clef est française, le chiffre,
par exemple 112, 456, signifie que le coté e doit être
tourné en haut, et le mot français transporté sur 456, et
également 363, 670 indiquent que le côté l (sur la surface renversée) sera tourné en haut, et que la clef ré-
pondra à 670, ainsi du reste.

§ X I I I.

Le nombre des changements de signes peut considérablement s'augmenter de la manière suivante : divisez la grille en quatre carrés égaux ; chacun d'eux peut, si on tourne leurs côtés, recevoir quatre positions différentes, d'où il proviendra, dans chaque situation principale, $4 \times 4 \times 4 \times 4$ combinaisons ou 255 nouveaux changements de la grille ; il faudra multiplier ce nombre par 8, et enfin par n, pour trouver celui des changements de chiffres, qui, de cette manière, sera $=$ $256 \times 8\,n$, ce qui, pour un Télégraphe ayant seize signes, donne . 32,768

D° 484. 991,232

D° 1024. . . . . . . 2,097,152 changements de chiffres possibles (1).

§ X I V.

On désigne et on retrouve chacun d'eux

_____

(1) Ces changements de chiffres ne sont cependant pas toujours différents pour chaque mot et pour chaque syllabe.

selon

selon le principe suivant : Si chacune des situations des quatre carrés dans la grille est exprimée séparément par o , 1 , 2 , 3 , toutes les situations combinées et possibles seront exprimées par une série contenant les combinaisons de ces quatre chiffres depuis o o o o jusqu'à 3 3 3 3 ; dans ces nombres la place des chiffres et les quatre parties de la grille se correspondent suivant un ordre convenu. Cette série consiste en 256 termes, et comme $256 \times 4 = 1024$, on peut, par les signes du dernier Télégraphe que nous avons décrit , désigner tous ces changements pour quatre situations principales , ou pour une des surfaces de la grille , comme on le voit dans la table suivante :

0000 —— 0333	répond à	000 —— 077
1000 —— 1333	——	100 —— 177
2000 —— 2333	——	200 —— 277
3000 —— 3333	——	300 —— 377
0000 —— 0333	——	000 —— 477
1000 —— 1333	——	100 —— 577
2000 —— 2333	——	200 —— 677
3000 —— 3333	——	300 —— 777.

4

oooo —— o333 —— A ooo — A o77
1000 —— 1333 —— A 100 — A 177
2000 —— 2333 —— A 200 — A 277
3000 —— 3333 —— A 3oo — A 777

0000 —— o333 —— A 4oo — A 477
1000 —— 1333 —— A 5oo — A 577
2000 —— 2333 —— A 600 — A 677
3ooo —— 3333 —— A 7oo — A 777

Par un signal convenu, ces signes répondent au revers de la grille et aux situations *h*, *i*, *k*, *l*.

Pour convertir facilement en un signal télégraphique la formule qui exprime la position de la grille, on se sert de la table suivante :

a		*b*	*a*		*b*
oo	=	oo	3o	=	14
o1	=	o1	31	=	15
o2	=	o2	32	=	16
o3	=	o3	33	=	17
10	=	o4	100	=	20
11	=	o5	200	=	40
12	=	o6	3oo	=	6o
13	=	o7	1000	=	100

20	$=$	10	2000	$=$	200
21	$=$	11	3000	$=$	300
22	$=$	12		$=$	
23	$=$	13		$=$	

Dans cette table chaque colonne a contient les nombres qui désignent les situations de la grille, et chaque colonne b ceux dont les signaux télégraphiques sont composés. Par conséquent, si 2033 3320 sont les situations données, on trouvera facilement dans la table, les signaux correspondants.

a		b		a		b
2000	$=$	200		3000	$=$	300
33	$=$	17		300	$=$	60
				20	$=$	10
2030	$=$	217				
				3320	$=$	370

Et si 107 376 sont les chiffres caractéristiques du chiffre, on trouvera de la même manière les situations de la grille qui leur répondent,

b		a		b		a
100	$=$	1000		300	$=$	3000
7	$=$	13		60	$=$	300
				13	$=$	32
107	$=$	1013				
				376	$=$	3332

4.

On observera également que les situations principales d, e, f, g, pour la surface naturelle de la grille , et h, i, k, l pour son revers, répondent à 000, A400, A00, A400, lesquels nombres on doit donc, suivant les circonstances , ajouter ou retrancher du signe caractéristique du chiffre , d'où il suit que si le signe de la position est × g 0123, le signe de chiffre sera = 033 ╾ A400 = A 433 ; et si le signe de chiffre est A 376, la situation sera = f 3332.

§ X V.

Tout entretien télégraphique commence par un signal qui annonce que l'on veut parler, ou par un signe de discours qui doit rester jusqu'à ce que la personne avec qui on correspond y ait répondu par le signal d'*attention*. On trouve dans la table deux signes de discours 722 et 227, dont on peut se servir entre deux stations voisines, en observant que *haut* et *bas* se rapporte à leur situation relativement à la direction du soleil: mais autre-

ment, lorsque plusieurs stations sont données, si leur nombre n'excède pas 7, le signe
de discours s'exprime très-facilement, pour la
mémoire, avec un signal de deux chiffres sé-
parés par un o : alors le premier désigne celui
qui parle, et le dernier celui à qui l'on parle.
De cette façon, quand la sixième station
veut parler à la troisième; son signe de discours est 603 ; si le nombre des stations
était plus grand, ces signes de discours pourraient être augmentés en employant A ; ces
cas sont rares, parce qu'à une grande distance, les stations intermédiaires parlent rarement, mais répètent seulement. Cependant
lorsqu'on en a besoin on y parvient très-aisé-
ment de la manière suivante : Les cinq premiers volets désignent celui qui parle, et les
cinq suivants celui à qui on parle; si on
donne alors à ces volets leur valeur écrite
(*fig.* 22), on peut exprimer les signes de
discours et d'attention pour 31 stations ;
ainsi, par exemple, le signe (*fig.* 23), marque
que la 30me station veut parler avec la 28me.
On trouve aussi dans la table deux signes

d'attention répondants aux signes de discours 722 et 227 ; savoir : 557 et 755. Mais quand dans plusieurs stations on fait d'autres signes de discours , on emploie pour signes d'attention les nombres qui dans la table répondent aux premiers , et leur servent de complément pour former A 7 7 7. Ainsi le signe d'attention 174 répond au signe du discours A 603, et 102 répond à A 675 , ainsi du reste.

§ X V I.

La correspondance entre deux télégraphes peut se faire ou directement ou par le secours des stations intermédiaires , dont le nombre est en proportion des distances. Si on suppose que des stations ABC , situées les unes à la suite des autres , A veuille parler avec la plus proche , on convertit d'abord la dépêche en chiffres d'après la table, avec aussi peu de termes que possible. On fait ensuite le signe de *discours* , que l'on tient levé jusqu'à ce que B l'ait apperçu , et lui ait répondu par le signe d'attention ;

après quoi A fait disparaître son signe de discours, et le remplace par le premier signe de la dépêche ; alors B fait tomber de même le signe d'attention, et répète le nouveau signe qu'a signalé A, pour montrer que ce signe est bien compris et ainsi de suite (1). La station A veut-elle parler avec la station C, elle lui fait le signe de discours, qui est répété par B : C répond par le signe d'attention, qui est encore répété par B, après quoi le discours commence. Il est d'abord répété par B et puis par C. On continue de la même manière, s'il y a plusieurs stations intermédiaires. Aurait-on, par méprise, fait un faux signe, on le corrige avant de procéder au signe suivant, en mettant 272, qui, d'après la table, signifie *erreur*, et aussitôt après on montre le vrai signe. La correction de la faute passe ainsi à toutes les sta-

_____

(1) Quand on voit bien, on peut se passer de répéter entre deux stations voisines, on gagne par-là plus de vitesse, mais aussi on y perd une vérification exacte de la réception des signes.

tions. On rencontre souvent, dans la pratique
de la correspondance, outre les signes de discours et d'attention, les autres signaux fixes.
Quoique cela ne soit pas indispensable, il
est cependant utile de les savoir par cœur,
et on y parviendra aisément avec un peu
d'exercice (1). En cas que des brouillards ou
d'autres raisons empêchent le signe de discours de parvenir tout de suite à la station
à laquelle il est adressé, la station où ce signe
s'est arrêté répond par le signe d'attention,
après quoi elle reçoit la dépêche, qu'elle con-
serve jusqu'à ce que les circonstances permettent de la faire parvenir à sa destination,

_____

(1) Leur signification peut se comprendre sans beaucoup d'explication. Si un correspondant parle trop vîte
ou trop lentement, on l'en avertit, dans le premier cas,
par 077 , dans le second , par 374. Si pour quelque raison on veut le prier d'attendre , on le fait avec 525. Si
le correspondant n'a pas son Télégraphe en ordre, il
le fait connaître par 635. Le changement de chiffres
s'exprime par 115. Quand les brouillards, l'obscurité ou
quelqu'autre raison empêchent de voir, on fait le signe
757.

Il arrive quelquefois que celui qui parle voit
mal, mais que celui qui fait attention voit
bien. Dans ce cas, et en général lorsque l'air
n'est pas clair, il vaut mieux faire le signe
d'attention avec un pavillon qui peut, vu
sa grande surface, être facilement apperçu,
quoiqu'on ne puisse distinguer les signes du
Télégraphe.

§ X V I I.

Pour dresser une dépêche télégraphique,
on forme des tables que l'on partage en huit
lignes horizontales et en autant de verticales.
Si on écrit les signes dans les carreaux qui
y sont tracés, on exprime la place de chaque
signe dans la table par un signal du Télégraphe, consistant en trois chiffres dont le
premier montre la page (1), le second la
ligne horizontale, et le troisième la ligne verticale. Cela peut être très-utile en plusieurs
occasions, comme par exemple si à la fin du

----

(1) En tout 16 côtés, dont 8 avec A et 8 sans A.

discours, n'ayant pu répéter les signes à cause
de la difficulté de voir de la part de celui
qui parle, on veut, dans un autre moment,
et lorsque l'air s'éclaircit, voir répéter quelques signes douteux ; si s'étant arrêté au milieu du discours par quelque raison que ce soit,
on veut le reprendre, en commençant par
un signe dont la place est marquée de la manière susdite.

§ X V I I I.

La manœuvre par fils décrite dans le paragraphe 9 est bien la plus simple dont puissent
se servir, pour de petites machines, ceux
qui connaissent déjà la combinaison des signes
et des fils ; mais afin de pouvoir employer
des personnes non exercées, et de surmonter
la résistance que le frottement et le poids
occasionnent nécessairement sur de plus grandes machines, j'ai imaginé d'autres moyens
mécaniques pour la manœuvre des Télégraphes. La première méthode est celle où les
combinaisons des fils sur de petites machi-

nes, pour former 3, 5, 6 et 7, se trouvent déjà faites, et où il ne faut qu'un doigt pour produire un signe dans chaque rangée ; 1, 2, 4, (*fig.* 25) font voir les fils simples qui descendent des volets ; de ces fils il en part d'autres qui les joignent entr'eux, selon les différentes combinaisons des volets. Ainsi 1, 2, sont unis en *a* à un seul fil qui exprime ou produit 5 : 2 et 4 le sont en *c* à un fil qui donne 6 ; 1, 2, 4 en *d* avec le dernier, qui exprime 7, et enfin ces sept fils sont attachés à autant de morceaux de bois oblongs, armés à leurs extrémités de crochets ou anneaux de laiton ou de fer ; ces morceaux de bois jouent parallèlement dans des rainures pratiquées à la planche *m n*, dont on voit le revers en M N, et se tirent pour produire le signe qui leur répond. *f*, *f*, désigne sept crochets qui appartiènent aux signes de la seconde rangée verticale, et *g*, *g*, sept autres fils qui appartiènent à ceux de la troisième. Les systêmes des combinaisons des fils appartenants à chaque signe vertical, sont dans des plans différents placés les uns au-dessus des autres, et les crochets sont de même fixés sur trois planches différentes ; par ce moyen ils ne peuvent gêner leurs mouvements respectifs. Cette manœuvre est dans la pratique la plus aisée de toutes, parce qu'on n'a pas besoin de connaître le principe de la combinaison des volets pour produire les signes : de sorte qu'on peut y employer des personnes tout-à-fait ignorantes ; mais en grand il en résulte trop de confusion et de frottement dans les fils, que les changements de température allongent ou raccourcissent inégalement, à moins qu'ils ne soient de métail dans toute leur longueur, ce qui peut avoir des inconvénients.

§ XIX.

Pour faciliter la manœuvre des grandes machines (1), j'ai employé la méthode suivante : a , a , (*fig.* 26) est une pièce de bois

(1) Etablies à des distances qui ne dépassent pas 18 à 20,000. —

fixée à une planche verticale ABCD, précisément au-dessous des volets ; dans l'intérieur de a, a, se trouvent dix petites poulies sur lesquelles courent les fils des volets : les extrémités de ces fils sont attachées au-dessous de la planche a a, à dix fortes verges de fer ou de cuivre de deux pieds de long a b, a b, munies de boutons b, b à leurs extrémités inférieures. c, d, e, f est une machine en fer, composée d'un montant g, h, et d'une traverse saillante c, d, dans laquelle sont pratiquées dix ouvertures n, n répondant aux boutons des verges. Cette machine ou crochet s'abaisse par la pression du pied sur un étrier h, et se relève par l'effet d'un poids attaché à une corde fixée en g derrière la traverse, et passant dans une poulie arrêtée à la planche ABCD. Quand le crochet est levé, la traverse saillante i, k se trouve placée derrière les verges, comme on le voit dans la partie supérieure de la *fig.* 29 : alors si on pousse avec les doigts dans les ouvertures de la traverse c, d les verges dont on a besoin pour former un signe, et

qu'en même temps on pèse avec les pieds
sur ef, cd saisit en descendant les boutons des verges qu'on a poussées, et place verticalement les volets qui leur répondent. La
fig. 27 représente les verges abaissées par
le crochet c, d. Afin que plus de verges qu'on
n'en veut, ne suivent pas le crochet lorsqu'on
l'abaisse, et qu'elles s'en dégagent en re-
montant, chaque verge a un poids p qui la
retient dans une position inclinée à une certaine distance du crochet. *Voyez* la *fig.* 28,
où tout cet établissement est dessiné de profil.
P est le poids qui, par le moyen de la poulie T,
relève le crochet, et t indique la place de
dix petites poulies placées sous la planche
r, s, dans lesquelles courent les fils auxquels
sont suspendus les petits poids $t\,t$.

§ X X.

Pour produire chaque signe plus promptement, et l'observer plus clairement, on peut
abréger les opérations précédentes par l'établissement suivant. a, b, c, d, fig. 29 A,
est un cadre de bois, de fer, ou de cuivre

dans lequel dix plaques ou touches de fer ou
de cuivre hh, kk, se meuvent autour d'un
axe commun ii, de manière que chacune
d'elles peut recevoir une situation ou horizontale comme hh, ou relevée, mais inclinée en arrière sous un angle de 110 à 120
degrés, comme kk. Ces touches, qui ont
une entaille à leur extrémité, répondent aux
verges, de façon que lorsqu'on pousse horizontalement le clavier a, b, c, d contre
les verges et la traverse, il n'entre dans cette
dernière qu'autant de verges qu'il y a de
touches placées horizontalement. Vers l'axe
ef, qui dans la *fig.* est dessiné séparément
en B, se trouve placée entre le cadre et les
touches hh une lame de cuivre que l'on peut
tourner en haut, au moyen de la manivelle
ef, et, par ce mouvement, relève les touches avant qu'on ne retire le cadre. Pour faciliter le mouvement de celui-ci, et le rendre
uniforme et perpendiculaire aux fils, on y a
adapté des poulies g, g, qui s'emboîtent
dans les rainures o, o, pratiquées dans deux
morceaux de bois o, z, (*fig.* 29) lesquels

sont fixés sur les côtés de la planche r, s,
perpendiculairement à l'établissement ABCD
(*fig.* 28). C'est dans ces rainures que le clavier se meut en avant et en arrière. Ainsi,
quand on veut donner un signal télégraphique, on commence par relever les touches,
au moyen d'un tour de l'axe e, f, après
quoi, par un autre tour, on rabbaisse m, n,
et on fait tomber, suivant le même principe de combinaison que pour les volets et
les fils, celles des touches qui produisent le
signe demandé; après cela on pousse en avant
le cadre et on abaisse l'étrier. On gagne
par-là non seulement plus de force que n'en
peuvent produire les doigts; mais on a encore, pendant l'observation d'un signe, l'avantage de pouvoir préparer le suivant; de façon
que lorsque la traverse est en haut, elle peut,
presque dans le même instant, redescendre
avec un nouveau signe, et épargner pour
chacun au moins un tiers du temps.

§ X X I.

Dans les grands Télégraphes, la force des
pieds

pieds peut n'être pas suffisante , sur-tout lorsqu'un vent violent s'oppose au mouve-ment des volets. Dans ce cas , on adapte un crochet au tourniquet de la manière sui-vante : a , b , c , (fig. 30) est un axe de fer de 12 pouces de longueur , se mouvant dans des trous a , b ; à cet axe sont fixées deux poulies g , k , de trois pouces et d , e , de neuf pouces de diamètre (t) , qui sont mises en mouvement en même temps que l'axe , par le tourniquet c , f , au moyen de la ma-nivelle f , i : autour de g , k courent dans des directions contraires , deux cordes , l'une atta-chée en h à un crochet qu'elle abaisse , lorsque le tourniquet tourne dans la direction i , l , et l'autre en n , qui ramène en haut le cro-chet , quand le tourniquet tourne dans un sens contraire. Autour de d , e , court aussi une corde avec un poids m , qui est mu dans la même direction que le manche f , i , et qui sert à augmenter sa force. Ce poids est proportionné de manière qu'il réponde à quelque chose de plus que le tiers de la ré-sistance de tous les volets , ou que seul il

5

puisse en abaisser quatre. Par ce moyen, on
augmente non-seulement la force dans la
proportion de c, f au demi-diamètre de g, k,
(sans considérer l'effet du poids m) mais
encore on la partage plus également, de
sorte qu'une partie est employée à abaisser le
crochet, et l'autre à le relever. On adapte au
tourniquet c, f un ressort auquel tient une
cheville p, o, qui le traverse en o, et qui,
lorsqu'on presse le ressort, s'engage dans un
trou correspondant, pratiqué dans la pièce
p, q, et sert ainsi à arrêter le tourniquet et
à maintenir le signe, sans qu'on ait besoin du
secours des mains.

§ X X I I.

On peut, par ces arrangements, manœuvrer les plus grands Télégraphes, avec d'autant plus de facilité, que tandis qu'une main
dirige les mouvements du clavier, l'autre dirige ceux du tourniquet. Ces mouvements, si
on veut les détailler, comprènent cinq actions
différentes; un tour d'axe en montant, un

autre en descendant , la chute des touches
pour former le signe , et la poussée du clavier tant en avant qu'en arrière. Mais , d'après
le mécanisme suivant , de ces cinq choses,
quatre peuvent être réduites à une, par le
seul mouvement du tourniquet. En effet ,
dans le clavier $a, b, c, d,$ (*fig.* 29) A est
une échancrure $t, u,$ à travers laquelle passe
l'extrémité d'une planche mobile autour d'un
axe q (elle est vue de côté dans la *fig.* 31).
A l'extrémité inférieure de cette planche sont
deux poids $n, p,$ qui la tirent dans des directions contraires $d c,$ ou $e f,$ et , par conséquent , son extrémité supérieure doit rapprocher ou écarter le clavier des fils et du
crochet. Le poids p est plus grand que le
poids n; ainsi , la situation naturelle de la
planche est $d, c,$ et celle du clavier est
d'être éloigné des fils ; mais à l'extrémité inférieure du montant de la traverse est attachée
une chaîne de fil de fer assez longue pour
que la traverse étant parvenue à deux pouces
près de sa plus grande hauteur, le poids p
soit élevé par le même fil. n commence alors

5.

à agir sur le clavier, dont on aura abaissé les touches auparavant; celui-ci est poussé vers les fils et le signe se trouve formé. Pour que le clavier, lorsque le montant redescend, ne lâche pas trop tôt les verges, il y a en h, i un petit morceau de bois ou crochet qui entre dans une ouverture faite sur la planche a, b, et qui la fixe dans la même situation, jusqu'à ce qu'il se relève au moyen d'un autre fil g, h, attaché également vers g, lorsque la traverse se trouve abaissée de quelques pouces; par ce moyen, le poids p recommence d'agir. En place du manche $e\,i$, $i\,f$, (*fig.* 29 A) qui devient inutile dans ce dernier mécanisme, on a adapté à l'axe et à la pièce de cuivre $m\,n$, (*fig.* 29) une autre pièce p, s de fer blanc ou de cuivre, pliée vers le bas, sous un angle de 150 degrés. Lorsqu'on pousse le clavier, cette pièce de fer blanc passe, sans rencontrer de résistance, au-dessus d'un fil horizontal x, y, (*fig.* 29 C) dont le bout se voit en o, (*fig.* 31). Mais quand le clavier est ramené par la planche dans la situation $e\,f$, il rencontre le fil o,

qui relève *m*, *n*, et redresse toutes les touches. Ainsi, celui qui manœuvre un Télégraphe n'a autre chose à faire que de com-
biner avec la main gauche le signe sur le
clavier, et de conduire le tourniquet avec la
main droite, ce qu'un enfant même peut
exécuter.

§ X X I I I.

Pour rendre autant que cela se peut la faculté de voir les volets indépendante de la
situation du soleil et du défaut de transparence de l'air, j'ai trouvé qu'il était très-
avantageux de leur donner 1° une couleur
noire et matte ; 2° d'élever la machine de
manière que pour l'observateur elle se présente au-dessus de l'horizon : par-là, le ciel
ou l'air sera le champ sur lequel seront vus
les volets. Cette dernière condition rend le
choix des emplacements difficile ; mais elle
est d'un si grand poids que peu de Télégraphes (si ce n'est ceux qui sont destinés à
servir pendant la nuit) ne peuvent autrement
être d'un usage général et constant. Le pre-

mier avantage qui résulte dans une position élevée des Télégraphes, c'est que les brouillards, la fumée ou les différentes vapeurs qui couvrent la surface de la terre, jusqu'à une certaine hauteur, s'opposent moins au rayon visuel, et se trouvent souvent au-dessous de sa direction (1). Le second avantage consiste en ce que le champ peut être moins obscurci par de certains phénomènes produits par la réfraction, lorsque l'air, principalement au-dessus des lacs, est chargé de vapeurs, dont l'effet est souvent de faire paraître un horizon lointain au-dessus de l'horizon ordinaire (2). Mais le troisième et le

---

(1) J'ai éprouvé cela bien souvent à Grisselhamn, où d'une petite élévation au-dessus du niveau de la mer, je voyais fort mal, ou ne voyais pas du tout le Télégraphe de Signilskàr, quoique ceux qui étaient sur l'observatoire de Grisselhamn, qui est environ deux cents pieds au-dessus de l'eau, le vissent constamment très-bien.

(2) L'effet de ces phénomènes, qui ont ordinairement lieu sur les grands lacs, est décrit par M. Weterling. *Voy.*

principal avantage d'une telle position, c'est
que l'évidence du Télégraphe, qui dépend
de la différence entre sa couleur, et celle du
champ sur lequel il est vu, est alors aussi
grande que possible. S'il s'agit d'appercevoir
clairement, ou, ce qui est la même chose,
de distinguer le contour d'un objet de ceux qui
l'entourent, ces derniers doivent autant que
possible, être différents du premier, tant
pour la couleur que pour l'éclat (1). Lorsque
la couleur qui réfléchit le plus de rayons de

Swenska Vetenskap Acad. Nya Hadlingar år 1788
pag. 3. (Nouveaux Mémoires de l'Académie suédoise,
pour l'an 1788.)

(1) C'est une vérité physique que plus de lumière
rend un objet plus visible ; mais quand il s'agit de distinguer clairement plusieurs objets, ou les parties d'un
objet, ce n'est plus la même chose. Alors, (abstraction
faite des différences de couleur) le contraste ou les im-
pressions négatives de lumière, comparées aux impres-
sions positives, sont ce qui contribue le plus à rendre les
objets visibles : si tous les corps étaient blancs et éclairés
aussi fortement les uns que les autres, on ne verrait rien.

lumière est placée près de celle qui en réfléchit le moins, la différence entr'elles, ou la clarté du contour est alors la plus grande. La couleur blanche est celle qui réfléchit le plus de lumière (1), et la couleur noire celle qui en réfléchit le moins ; par conséquent, ce sont des objets blancs sur un fond noir (2)

---

(1) Lambert a analysé plusieurs couleurs, dans le dessein d'éprouver leur clarté spécifique. La table suivante montre le résultat de ses expériences. La quantité de lumière qui tombe perpendiculairement étant $=$ 1

Du grand papier frotté avec du blanc d'Espagne $=$ 04230
Une main de papier le plus blanc . . . . $=$ 04102
Une feuille seule sur un fond noir . . . . . $=$ 01138
Du papier frotté de minium . . . . $=$ 02932
Avec du suc de *bacc-rhamni* . . . . . . $=$ 02620
Avec du verd-de-gris. . . . . $=$ 01149

(2) Quoique selon les principes d'optique, la couleur blanche soit celle qui réfléchit le plus de lumière, cependant il arrive, par le concours de certaines circonstances, que d'autres couleurs, comme le rouge, l'aurore, font une impression plus vive sur les yeux, et malgré qu'elles soient moins éclatantes que le blanc, se distinguent cependant plus vite Les bornes de ce traité ne me per-

qui doivent s'appercevoir le plus distinctement. Un tableau peint en blanc, placé derrière les volets noirs du Télégraphe serait
donc plus favorable, si je n'avais trouvé plus
à propos, par plusieurs raisons, d'employer
en place d'un fond blanc, le ciel lui-même,
ou le fond bleu de l'atmosphère. Il est très-
vrai que la clarté d'un objet très-blanc, tel
qu'une main de papier placée en face du
soleil est plus du double de la moyenne
clarté de l'air (1); mais 1° la clarté de l'objet
diminue, quand on change l'angle d'inci-

---

mettent pas de parler des principes sur lesquels cette
expérience est fondée, ni de décrire un instrument imaginé pour déterminer cet effet des couleurs, lequel n'est
constant ni pour tous les individus, ni dans toutes les
circonstances.

(1) Si les rayons du soleil, lorsqu'il est à 60 degrés
de hauteur, tombent perpendiculairement sur un papier frotté de céruse, la moyenne clarté de l'air est à
celle de ce même papier = 1 : 2,538 = 2 : 5. *Lambert.*
Photomet. § 915.

dence des rayons (1) ; 2° la clarté de l'air près de l'horizon, direction sous laquelle les Télégraphes doivent être vus, est beaucoup plus grande (2) ; 3° le rapport précédent diminue encore davantage dans les jours nébuleux, qui sont très-fréquents, et alors la clarté de l'air est souvent plus grande que celle du papier ; 4° près de l'horizon l'air est clair avant le lever et après le coucher du soleil, et cependant près de terre la couleur des objets opaques ne se distingue que faiblement ; 5° les brouillards étant les obsta-

(1) La quantité de lumière incidente diminue comme le sinus de l'angle d'incidence ; mais la clarté de l'objet, ou la quantité de lumière réfléchie diminue dans une proportion plus grande. D'après les expériences de Bouguer, on sait que la clarté d'un papier blanc, placé sous 45 degrés d'inclinaison, par rapport à la direction des rayons lumineux, est moitié de celle qu'il aurait sous 90°, et qu'à 30° elle en est le tiers. Voyez *Traité d'Optiq.*, *p.* 165. Dans ce cas, la clarté est dans la proportion des angles d'incidence ; mais cette loi n'est pas la même pour toutes les inclinaisons.

(2) Lambert, *Photometr.* § 930.

cles les plus communs à l'usage du Télégraphe, se trouvent à la surface de la terre
plus épais qu'ailleurs, et moins éclairés que
dans les régions supérieures, lesquelles sont
plus pénétrées par la lumière : de sorte que
des objets obscurs placés dans ces régions,
et par conséquent au-dessus de l'horizon, y
sont plus visibles que s'ils étaient au-dessous
de lui.

Toutes ces considérations réunies m'ont
engagé à élever. le Télégraphe au-dessus de
l'horizon, et à donner en même temps aux
volets la surface la plus matte possible (1).
Par conséquent, il y a telle situation du soleil où ils agissent comme des miroirs, et
où ils cessent de paraître noirs.

§ X X I V.

Au reste, l'expérience m'a appris qu'il était
nécessaire de mettre entre les volets un intervalle un peu plus grand que leur diamètre,

---

(1) Ce qu'on peut faire de mieux pour y parvenir est
de les couvrir de drap noir.

parce que s'ils remplissaient chacun leur car-
reau dans la grille, les signaux s'observeraient
moins clairement que dans le cas présent, où
à peine ils en remplissent le tiers. La raison
de cela est le tremblement auquel les mus-
cles de l'œil sont sujets, sur-tout lorsqu'ils
sont frappés par une lumière vive , d'où il
arrive que les images peintes sur la rétine ,
trop près les unes des autres, se confondent.
L'effet de ce tremblement augmente par
l'ondulation connue de l'air, principalement
lorsqu'il est chargé de vapeurs sur lesquelles
le soleil agit. Elle est sur-tout sensible à l'horizon , où les objets semblent se mêler les uns
aux autres, sur des vagues qui se succèdent
dans la direction du vent. Comme cette ten-
dance à se confondre est plus grande dans la
direction horizontale que dans la verticale ,
il en résulte que pour mieux distinguer les
volets, la distance horizontale entr'eux doit
être plus grande que la verticale. Il s'en suit
encore que lorsque la direction du vent est
perpendiculaire à celle des stations, les objets
se confondent davantage, mais que cet in-

convénient diminue, à mesure que les directions se rapprochent du parallélisme. Les volets, au lieu d'être des carrés ou des parallé-
logrames, et leur forme, ainsi que leur position respective, est fondée sur deux faits
résultants de l'expérience, 1º qu'un point
noir sur un fond blanc, se voit à une moindre
distance qu'une ligne de même largeur que
lui, et que de deux lignes d'égale largeur,
la plus longue se voit de plus loin que la
courte; 2º que deux lignes tracées l'une à
côté de l'autre paraissent n'en faire qu'une,
si la distance entr'elles n'est pas au moins
le quart plus grande que la largeur de chaque
ligne (1). J'avais, dans les premiers essais,

---

(1) Voyez en outre *Jurins Essay on distinct and indis-
tinct vision*. A ses recherches pour connaître jusqu'à
quelle distance des objets noirs sur un fond blanc pourraient se voir distinctement, il faut ajouter l'observation que les objets blancs sur un fond noir exigent une
distance encore plus grande, et cela vient en général
de ce que la plus éclatante des surfaces étend ses bords
aux dépens de la plus obscure.

donné une couleur noire à la grille, tant
pour mieux désigner les situations des rangées et des volets, que pour augmenter le
diamètre des derniers par la grosseur de la
grille qui les touche; mais des essais posté-
rieurs m'ont appris qu'il est plus avantageux
de lui donner, ainsi qu'au bras H, (*fig.* 15)
une couleur blanche ou rouge; car, un objet
obscur entre deux autres également obscurs,
fait paraître plus petit le champ éclairé qui
les sépare, et diminue par conséquent la clarté;
de plus, à de grandes distances et dans une
atmosphère agitée on peut quelquefois se
tromper, et prendre pour un volet la partie
de la grille qui lui répond (1). On prévient

(1) Cela peut paraître surprenant, quand on sait que le
diamètre des volets est huit ou dix fois plus grand que
celui des barreaux de la grille; mais on doit considérer,
et l'expérience prouve que plus les objets diminuent,
moins l'œil peut juger de leurs proportions entr'eux ou
de la grandeur relative de ces objets. On juge aisément
à l'œil, le rapport qu'il y a entre une aune, deux aunes
et quatre aunes; mais, à la même distance, celui qui

ces inconvénients par le choix d'une couleur
différente.

§ X X V.

D'après les principes énoncés dans le paragraphe précédent, pour voir distinctement
les volets dans un temps passablement clair,
sans donner au Télégraphe des dimensions plus
fortes qu'il n'est nécessaire, il faudrait que
les diamètres horizontaux et verticaux de ces
volets, et leurs distances respectives fussent
à-peu-près dans le rapport des nombres 4, 6,
5, 8, La grandeur absolue des volets dépend
de la distance et de l'angle visuel sous lesquels
ils peuvent se présenter à l'observateur. Si
nous admettons, avec *Courtivron*, (1) que le

---

existe entre $\frac{1}{10}$, $\frac{2}{10}$, $\frac{3}{10}$ de ligne , ne peut être distinctement apperçu , quoique les objets soient encore visi-
bles. Ajoutez à cela que l'ondulation de l'air peut , dans
le même moment , augmenter le diamètre du plus petit ,
et diminuer celui du plus grand de deux objets que l'on
compare.

(1) *Hist. de l'Acad. des Sciences de Paris.* pag. 200,

plus petit angle visuel possible est, pour des objets opaques, d'environ 40 secondes, le diamètre d'un objet doit, pour être visible, avoir à-peu-près $\frac{1}{5200}$ de la distance (1). Ainsi, un objet de deux pieds de diamètre ne serait apperçu qu'à une distance de 10,400 pieds ou quelque chose de plus qu'un quart de mille de Suède (environ 1424 toises) ; de sorte qu'il faudrait, pour voir avec les yeux à un mille de distance, 7 pieds au diamètre vertical de chaque volet, et à la grille, environ 40 pieds sur un côté et 60 sur l'autre; ce qui fait, pour une distance de trois milles, une grille d'environ 120 pieds de haut sur 180 de large, grandeur qu'il est très-difficile ou, pour mieux dire, impossible d'adopter dans l'exécution.

Jurin a vu néanmoins sur un papier blanc, un fil d'argent très-mince, et un bout de soie, le premier sous un angle de trois secondes et demie, et le second sous un de deux et demie. Sur un fond noir, le premier pourrait sans doute se voir de plus loin encore.

(1) On n'a pas encore été d'accord sur la valeur du

§ 26.

§ X X V I.

Ainsi, pour augmenter le rayon visuel dans l'observation des signes, on emploie des téles-

---

plus petit angle sous lequel des objets pourrraient encore être sensibles à la vue. La différence d'opinions à cet égard provient peut-être de quelques notions fausses ou au moins incomplètes. 1° Il n'est pas exact de mesurer la grandeur absolue de la surface d'un objet, d'après un angle visuel qui n'en exprime qu'un diamètre, ou une des dimensions. Cette grandeur dépend plutôt de la valeur de la surface, qui, lorsqu'il ne s'agit point d'un cercle, ne peut être déterminée sans le secours de plusieurs dimensions, et ainsi de plusieurs angles visuels. 2° Par la même raison, il est faux qu'un objet devière visible, lorsqu'il est considéré sous un angle visuel suffisamment ouvert ; car, si une des dimensions de cet objet, celle de sa largeur, par exemple, est si petite que l'angle visuel qui devrait la mesurer ne soit pas sensible, alors il reste invisible, quelqu'accroissement qu'ait reçu le rayon visuel de sa longueur. 3° La grandeur absolue, ou la valeur de la surface ne suffit pas pour rendre un objet visible, il faut une certaine intensité de lumière, et l'impression qu'en éprouvent les nerfs optiques, et

6

copes ; et , comme de leur effet dépend la possibilité de diminuer la grandeur et la dépense des Télégraphes, on doit, dans chaque cas , et lorsque la distance est donnée , chercher le *minimum* de la dépense réunie des Télégraphes et des télescopes. Selon le paragraphe précédent , il ne faudrait , pour voir un signe à trois milles de distance , que deux pieds de diamètre vertical, pour chaque volet , et un télescope qui grossit dix fois les objets ; mais ,

---

dont une certaine force est nécessaire pour rendre un objet visible , pourrait peut-être mieux se mesurer en multipliant le nombre des rayons lumineux et leur intensité par la valeur de la surface.

Quant à ce qui regarde la grandeur apparente d'un objet , elle peut (abstraction faite de la surface déterminée par les angles visuels de ses dimensions), elle peut, dis-je , dépendre de beaucoup de circonstances , telles que la bonté des yeux , la sensibilité de leurs fibres , l'habitude de juger des distances , la prévention , etc. , choses qui ne peuvent être soumises à un calcul mathématique, de sorte que l'évaluation *à priori* de cette grandeur apparente est fort difficile.

pour plus de clarté et de sûreté dans les observations, il est nécessaire d'augmenter au-delà de ces proportions et les dimensions de la machine, et la vertu des télescopes.

§ X X V I I.

Connaissant la distance et la faculté du télescope qu'on emploie, on pourrait, d'après le principe qu'un angle visuel de 40 secondes suffit pour distinguer un objet, sans autre secours que celui des yeux, diminuer la grandeur absolue des volets, de faire l'équation $\frac{a}{5200} = lt$ ou $l = \frac{a}{5200}$, par laquelle a désigne la distance, l, le vrai diamètre du volet, et t, la faculté du télescope de grossir les objets. Mais l'expérience apprend que, soit à cause de l'imperfection des télescopes, soit par d'autres obstacles qui proviènent de la qualité de l'air, et dont nous parlerons plus bas, il faut, pour qu'un objet soit vu à une grande distance, un angle visuel plus grand, lequel j'estime devoir être, pour le diamètre vertical de chaque volet, environ six fois 40 secondes ou quatre minutes. D'après cela, l

6.

change et devient $\frac{6a}{5200} t$. Cette augmentation de l'angle visuel s'obtient soit par la
force seule des télescopes, soit par la grandeur
augmentée des volets, ou par toutes les deux
à-la-fois; mais les deux derniers moyens m'ont
paru préférables, en ce qu'on obtient alors
plus de lumière (1). J'ai souvent, dans mes
essais, trouvé plus que suffisantes les dimensions suivantes pour des volets vus à des
distances correspondantes avec des télescopes
qui agrandissent 32 fois (2).

9 pouces, $\frac{1}{2}$ mille = 18000 pieds (suédois)
18 ——— 1 D°
36 ——— 2 D°
54 ——— 3 D°

---

(1) La clarté nécessaire pour voir un Télégraphe dépend, comme il est dit plus haut, de la différence
entre la lumière des volets et celle du champ; et comme
une plus grande faculté de grossir les objets ne peut
rendre sensiblement les volets plus noirs, mais rend
nécessairement le champ moins clair, la clarté doit diminuer par-là, quoique l'angle visuel deviène plus
grand.

(2) Un accroissement plus grand que 60 ou 70 fois, est

§ X X V I I I.

Dans une suite de plusieurs Télégraphes, on doit avoir attention de les bien placer les uns en face des autres. Lorsqu'il n'y a que deux Télégraphes, ou que plusieurs stations sont dans une ligne droite, les plans des Télégraphes doivent être placés perpendiculairement à la direction des stations, et la grandeur de chacun déterminée par la distance la plus grande des deux stations voisines ; mais lorsque les stations suivent plusieurs directions, comme cela arrive souvent, la chose change, et le diamètre horizontal du plan du Télégraphe doit faire, soit avec l'une des deux stations voisines, soit avec toutes les deux, un angle dont l'ouverture doit, de même que la grandeur du Télégraphe, être déterminée par le calcul, de façon que l'angle visuel

rarement nécessaire, 3o à 4o suffisent le plus souvent, parce qu'en général la clarté et la lumière sont, pour cet objet, des qualités plus désirables que beaucoup d'accroissement.

de l'une des stations ne soit pas trop favo-
risé aux dépens de l'autre. En général les dimensions du Télégraphe étant données, il
est bien placé entre deux autres stations,
lorsque la différence entre la somme des deux
angles et leur différence fait un *maximum* ;
car, ces deux angles doivent être aussi grands
et en même temps aussi égaux que possible.
Il est vrai cependant que, pour plus d'exac-
titude, on devrait, ayant égard à la masse
d'air plus grande entre les distances plus éloignées, augmenter en proportion l'angle visuel
de ce côté, et compenser ainsi la diminution
de clarté et les différents obstacles qui s'opposent au passage des rayons de lumière.

§ X X I X.

Il semble d'abord que ce serait trop que
d'exiger un angle cinq ou six fois plus grand
qu'il ne devrait être d'après le calcul ; mais
on se trompe, si on croit que la distance à
laquelle on peut voir distinctement avec les
télescopes, est dans la même proportion
que leur faculté de grossir les objets et de

les rendre sensibles. Avec un télescope qui grossit, par exemple, 1200 fois, on devrait pouvoir lire une écriture de 1200 fois plus loin qu'avec les yeux seulement; cependant il s'en faut de beaucoup que cela soit possible. Le grand télescope de Short, qui, avant celui d'Herschell, a été un des meilleurs connus, grossit 1200 fois, mais ne permet de lire une écriture qu'à une distance 200 fois plus grande que celle où on la lirait avec les yeux On doit donc, en ce cas , pour trouver le véritable effet du télescope relativement à la clarté des petits objets opaques, diviser par 6 la faculté qu'il a de les grossir; mais, pour d'autres télescopes, la règle peut être différente : probablement il n'existe pas de théorie suffisante pour déterminer ce diviseur dans tous les cas; ainsi, il faut se contenter de consulter l'expérience. En général, on sait que le diviseur est moindre pour de petits accroissements que pour des grands. Je n'ai cependant, dans mes expériences, jamais pu l'estimer au-dessous de quatre ou de cinq.

Les télescopes ne devant se fixer que sur
un objet déterminé, leur monture ne peut
être coûteuse; et, en même temps, pour diminuer considérablement la dépense, on peut,
sans inconvénient, augmenter leur longueur.
Les oculaires qu'on appèle célestes, et qui
réunissent à l'accroissement des objets plus
de clarté et de netteté, semblent, quoiqu'ils
représentent les objets renversés, être plus
propres que d'autres à l'usage du Télégraphe;
car, avec un peu de pratique, on s'accoutume
à observer les objets de cette manière, en
quoi la branche du Télégraphe est d'un grand
secours. La grandeur du champ n'a pas besoin d'être de plus d'un degré, et, pour prévenir la confusion de lumière, il est utile
d'allonger le tube au-delà de l'objectif, en y
ajoutant un tuyau peint en noir intérieurement. Il suit, de ce que nous venons de
dire, que l'on pourrait facilement, par le
secours de l'expérience, déterminer la qualité du télescope qui réunit le plus d'avantages. Vu le peu de champ dont on a besoin,
on peut se servir utilement du télescope com-

posé d'après la méthode de Galilée, d'un oculaire concave, qui présente les objets droits; et, pour augmenter encore la lumière, on pourrait les construire de manière à voir des deux yeux, comme sont ceux de la façon de Rheita, appelés binoculaires; car, l'expérience apprend que deux yeux donnent plus de lumière, et qu'il en résulte une plus forte impression que d'un seul. Cette impression n'est pourtant pas double, parce que, parmi d'autres raisons, en fermant un œil, la paupière de l'autre s'ouvre davantage (1). Ces recherches, pour augmenter l'effet des télescopes, ne peuvent cependant être utiles que lorsque la nécessité exige de très-longues stations intermédiaires : à une distance ordinaire, de petits télescopes suffisent le plus souvent.

§ X X X.

On a cru nécessaire en France d'avoir,

---

(1) Quoique selon les calculs de Jurin cette augmentation de clarté ne fasse qu'un treizième, on doit cependant en tenir compte : car, d'après les expériences de Lambert, une différence de $\frac{1}{50}$ ou $\frac{1}{60}$ dans la lumière des corps opaques est sensible à la vue.

près de chaque Télégraphe, une bonne montre
à secondes ; mais son usage ne peut être utile
qu'à rappeler aux observateurs certaines heures convenues, auxquelles on doit communiquer ou recevoir les avis ; car, la méthode
d'attacher des significations différentes à deux
ou trois secondes d'une plus grande durée des
mêmes signaux, pourrait occasionner des er-
reurs, et serait d'ailleurs inutile dans une
machine dont la construction fournit un
nombre abondant de signaux.

§ X X X I.

D'après la construction décrite dans les
paragraphes 20 et 21, une personne suffit
pour manœuvrer le plus grand Télégraphe,
sur-tout aux extrémités de la ligne des stations, et lorsque le télescope, comme il doit
être par-tout, se trouve établi assez près de
celui qui manœuvre, pour qu'il puisse en
même temps observer et tirer les volets; mais,
pour plus de sûreté, et sur-tout aux stations
intermédiaires, où les observations doivent

se faire avec deux télescopes, et, dans des
directions contraires, il faut que deux personnes se trouvent à portée de pouvoir se
relever mutuellement dans les observations;
il ne faut, pour cela, pas plus de conception
que n'en a le plus commun des hommes;
car, toute l'adresse consiste à savoir écrire
les chiffres et ajouter ensemble 1, 2, 3, 4.
Dans les essais que j'ai faits pendant un an
et demi, je me suis servi d'enfants qui, en
peu d'heures, ont été suffisamment instruits
et exercés (1). C'est pour cette raison que
j'ai cru devoir, sur-tout dans les grandes machines, sacrifier quelque chose de la simplicité du mécanisme et de la construction à
la simplicité de la pratique et de l'exécution.
Lorsqu'on est obligé d'employer des personnes non exercées, il est très-important de ne

_____

(1) Il a fallu, selon les gazettes, plus d'un an à ceux
qu'on a employés au Télégraphe français, avant qu'ils
pussent bien comprendre et régir les mouvements de
cette machine.

point charger leur mémoire et leur conception de beaucoup de détails (1).

§ XXXII.

Dans une longue série de Télégraphes, il sera avantageux, tant pour diminuer leur nombre, que pour accélérer la correspondance, de placer les stations à de grandes distances. La figure sphérique de la terre fait que des objets éloignés à l'horizon s'échappent à la vue, quoique leurs angles visuels soient encore sensibles. Mais la réfraction de la lumière, plus forte près de terre, en relevant les objets, remédie à cet inconvénient. D'après cela, on peut considérer cinq mille suédois (10 lieues marines de France) comme la plus grande distance à laquelle deux Télégraphes puissent se voir, en évaluant leur

---

(1) Cet avantage de ne point charger la mémoire, et de ne point causer d'équivoques, est peut-être, ainsi que la vîtesse dans ses mouvements, ce qui forme le principal mérite de notre Télégraphe.

plus grande hauteur sur l'horizon à 200 pieds suédois (177 environ de France) (1). Ainsi, eu égard à la grandeur que doivent avoir alors les Télégraphes, et à la faculté néces-saire aux télescopes, un si grand éloignement exigerait trop de dépense, et cela seul suffi-

---

(1) On estime l'abaissement de la terre, sur un espace d'un mille de Suède (deux lieues un quart de France) à environ 32 ou 33 pieds suédois, (le pied suédois est d'un pouce moindre que celui de France) parce que cet abaissement augmentant comme le carré des distances, sera pour $2\frac{1}{2}$ milles de 206 pieds 3 pouces. D'après les tables de Lambert, *sur les Effets de la Lumière par les airs*, page 87, des objets horizontaux sont vus 30 pieds plus haut, à une distance de $2\frac{1}{2}$ milles, ou de 5 lieues. En retranchant cette quantité de 206 pieds 3 pouces, il reste 176 pieds pour le véritable abaisse-ment. La différence entre cet abaissement et cette hau-teur du Télégraphe, 200 pieds, sera $=$ 23 pieds 7 pouces, quantité suffisante pour voir au-dessus de l'ho-rizon de la terre; la grille du Télégraphe à une dis-tance de deux milles et demi : ainsi, si l'on place sur le côté opposé un autre Télégraphe à une même hau-teur et à une même distance, ils pourront se voir l'un l'autre de 5 milles.

rait pour rapprocher les stations, quand même d'autres raisons n'y obligeraient pas. L'air, quelque pur qu'il paraisse à une certaine hauteur (1), est pourtant presque toujours chargé de vapeurs et d'autres particules hétérogènes, ce qui oblige de restreindre la distance des stations à une quantité plus petite que celle que permettent la courbure de la terre et la faculté des télescopes. Car, quoique ceux-ci augmentent l'angle sous lequel les objets sont vus, il n'est pas moins vrai que les grands comme les petits objets se perdent dans les brouillards et la fumée; de sorte que l'usage des télescopes (2), vu

---

(1) La couleur même de l'air à travers laquelle on voit des objets opaques, contribue en quelque sorte à les obscurcir; mais cette circonstance est de peu de conséquence pour les distances dont il est ici question. La montagne Chimborazo, dans le Pérou, se voit encore à quarante-cinq lieues à travers cette massse énorme d'air. Bouguer, *Traité d'Optique*, page 363.

(2) Selon les dernières gazettes de Londres, où l'air est presque continuellement chargé d'une épaisse fumée

le grand nombre de jours nébuleux, serait
trop limité, si on ne pouvait pas, en res-
serrant la distance des stations, diminuer tous
ces obstacles. Hors les cas de nécessité, on ne
doit pas outrepasser 90 à 100,000 pieds; et
lorsque les lieux même, par leur situation,
n'en commandent pas de plus grande, la
distance ordinaire des stations doit être bor-
née à 70,000 pieds de Suède, ou cinq lieues
de France (1).

§ X X X I I I.

Quand on emploie de grandes machines,

de charbon, on y compte à peine 25 jours assez clairs
pour pouvoir se servir des Télégraphes. Mais ceux
d'Angleterre, ainsi que ceux de France, ne sont
sans doute point placés de manière à avoir le ciel pour
fond du tableau, circonstances sans lesquelles leur usage
journalier doit rencontrer de grandes difficultés.

(1) On doit même diminuer cette distance de moitié,
près des grandes villes, dont l'atmosphère est toujours
obscurcie par des vapeurs et de la fumée. En France les
stations sont communément à deux ou deux lieues et
demie l'une de l'autre; mais la seconde, placée à Mont-
martre, n'est qu'à une demi-lieue de Paris.

l'observatoire doit être placé au-dessous de la
grille , et enfermer les télescopes et le mécanisme au moyen duquel on gouverne le Télégraphe. Cet observatoire doit être peint en
noir intérieurement , et afin qu'un jour inutile n'affaiblisse pas la vue (1) , il ne doit y
avoir d'autres ouvertures que celles qui sont
nécessaires au passage des télescopes. Plus un
endroit est sombre, et plus la prunelle s'agran-
dit, de sorte qu'elle reçoit l'impression d'une
plus grande lumière de la part du même objet.
Par cette même raison, il n'est pas inutile
que l'observateur porte autour de sa tête un
crêpe noir ou un drap de la même couleur,
qui empêche l'effet de toute lumière étrangère.

§ X X X I V.

Trois choses servent à mesurer la vîtesse
des avis transmis par la voie des Télégraphes.
1° La distance ordinaire des stations , que

(1) Il me paraît peu favorable d'établir, comme à Paris,
des fenêtres tout autour de cette chambre.

j'appèle

j'appèle *s* ; elle est en général, pour notre
établissement, de deux milles de Suède ;
2° la quantité B de lettres que chaque signe
exprime; d'après la table ci-jointe, le nombre
moyen de ces lettres est au moins $= 2$, et
devient plus grand, lorsque le volet A con-
court à la formation des signes ; 3° le temps
nécessaire à la formation de chacun d'eux,
je le nomme T ; il est d'environ 10 secondes
pour les grandes machines, c'est-à-dire que
l'on peut former 6 signes par minute (1). La
vîtesse télégraphique est en raison inverse
de T : ainsi, dans chaque cas particulier, elle
est égale $\frac{BS}{T}$ (2). Le temps nécessaire pour

---

(1) Ce temps pourrait être diminué, si une plus grande
sûreté dans l'observation et la manœuvre ne valait pas
mieux qu'un accroissement de quelques secondes dans la
vîtesse.

(2) Par conséquent, si dans quelqu'autre établissement télégraphique les stations n'étaient qu'à un mille
l'une de l'autre, et si, exprimant chaque lettre par un signal, chacun durait 20 secondes, on correspondrait
avec une vitesse qui serait à celle du Télégraphe que nous
avons décrit, comme $\frac{1 \cdot 1}{2} : \frac{2 \cdot 2}{1} : : 1 : 8$.

faire passer un avis à un lieu donné, est égal au produit du temps nécessaire pour chaque signe, par les nombres réunis des signes et des stations; ou la durée de chaque signe étant $= t$, le nombre des signes $= N$, et celui des stations $= n$ le temps que la dépêche mettra à parvenir sera $= t + N + n$ (1).

En général, la vitesse télégraphique est si grande, eu égard à la longueur des distances, qu'un peu plus ou un peu moins de promptitude dans l'établissement des signes paraît peu importante : cependant elle est fort essentielle aux stations très-éloignées l'une de l'autre, et par conséquent exposées à ce que les intempéries de l'air contrarient souvent l'usage du Télégraphe, de sorte que l'on n'a quelquefois qu'une demi-heure à y employer.

(1) S'il y avait de Stockholm à Pétersbourg 50 stations, et de Stokholm à Helsinborg 25, une dépêche de 50 signes parviendrait à la première ville en 16 minutes et 45 secondes, et à la dernière en 12 et demie. Les récits sur la vitesse des Télégraphes français sont différents : selon le premier rapport, il faut 20 secondes pour chaque signal. Quelques gazettes prétendent qu'il a fallu 30 minutes à une dépêche, et, selon d'autres, plusieurs heures

§ X X X V.

Les plus grands obstacles à l'usage du Télégraphe sont ordinairement la pluie, la neige,
les brouillards et la fumée. En général, l'été
et l'automne sont des saisons moins favorables que l'hiver et le printemps. Assez souvent les difficultés naissent de la nature des
climats et de la situation des lieux. Les pays
de plaine et les pays élevés, jouissent ordinairement d'un air plus pur que les pays
coupés, marécageux et couverts de bois. Nous
avons déjà dit que la vapeur du charbon en
Angleterre, la vapeur et la fumée qui s'élèvent des grandes villes nuisent à la pureté
de l'air. En Suède la fumée des brûlis con-
trarie beaucoup pendant l'été. Les temps ora-

---

pour parvenir de Lille à Paris. Cette différence vient principalement de la longueur des dépêches ; mais, outre
cela plusieurs obstacles qui surviennent dans les stations,
peuvent arrêter une dépêche en quelqu'endroit de la
route, jusqu'à ce que le temps ou d'autres circonstances
permettent de la faire passer plus loin.

geux rendent la manœuvre de la machine
pénible, et diminuent ausssi la transparence
de l'air. Un soleil ardent resserre la prunelle,
donne un mouvement vibratoire aux fibres
de l'œil (1), les relâche et les affaiblit. Cela,
joint aux autres effets de la chaleur, rend les
observations très-difficiles en été. L'ondulation produite par un soleil ardent, jointe aux
vapeurs et plusieurs autres causes (2), cette
ondulation, dis-je, qui a lieu dans presque
toutes les saisons, principalement vers le milieu du jour, ne permet guères de distinguer
dans l'éloignement les petits objets voisins
les uns des autres. La lumière directe du soleil étant presque toujours préjudiciable à la
vue, un temps nébuleux (3), mais qui ne

---

(1) L'expérience suivante de Jurin ne peut guères
s'expliquer que par la vibration à laquelle tous les yeux
sont sujets. Un petit trait blanc entre deux noirs, vu sur
un fond blanc, disparaît ou se confond avec eux en un
seul trait large et obscur, tandis qu'un trait blanc sur un
fond noir se distingue clairement.

(2) Voyez plus haut, § 24.

(3) On a remarqué depuis long-temps que les jours où

laisse pas d'être assez clair, est le plus propre aux observations; en été, l'air le plus frais est le meilleur. L'expérience apprend aussi qu'avant et après la pluie l'air saturé d'humidité est très-clair et très-transparent (1).

le soleil luisait, on pouvait difficilement distinguer les objets au fond d'une mine à 60 toises de profondeur, tandis que par un temps couvert, on peut même très-bien lire à 100 toises. Voyez *Mém. de l'Acad. Suédoise* pour l'an 1744, pag. 114.

(1) L'Hygromètre démontre que les vapeurs qui s'élèvent dans l'air et en diminuent la transparence, ne proviennent pas toujours de l'humidité. M. de Saussure a confirmé cette vérité, tant par sa propre expérience, que par le témoignage des habitants des Alpes. *Voyez son Voyage aux Alpes et son Hygrométrie*, § 355. Quand l'air, après quelques jours de pluie, s'obscurcissait pour quelques heures; j'ai plusieurs fois, de Signilskär, vu plus clairement qu'à l'ordinaire le Télégraphe établi de l'autre côté de la mer d'Auland. Pendant cet été, qui a été fort pluvieux, j'ai souvent éprouvé la même chose, dans d'autres lieux. Les causes des différentes modifications de l'humidité de l'air qui produit quelquefois les brouillards, et, dans d'autres circonstances se change invisiblement en pluie, ne sont pas peut-être encore suffisamment connues.

En général, les matins et les soirs sont les temps les plus favorables.

§ X X X V I.

Afin de rendre le Télégraphe utile pendant la nuit, j'avais d'abord essayé le procédé suivant : On fixe derrière chaque volet, un peu au-dessus de son axe, une lampe assez éloignée pour ne point gêner le mouvement du volet; ces dix lampes se voient quand la machine est en repos. Mais si pour produire quelques signes, on fait jouer les volets suivant la méthode ordinaire, alors les lampes correspondantes aux volets dressés verticalement, disparaissent; et celles qui restent en évidence forment alors un signe particulier qu'on trouve dans la table, à droite de chaque colonne, signal dont l'expression sert de complément à chaque nombre de la gauche de la colonne, pour former 777. Ainsi, le chiffre de jour se trouve avant, et celui de nuit après chaque lettre ou syllabe (1). Cette

_____

1) En plaçant, comme à l'ordinaire, le signe 425,

méthode peut s'employer avantageusement
pour de petites distances et de petites machines ; mais comme elle est dans la pratique,
et à de grandes distances, sujète à plusieurs
inconvénients (1), j'y ai substitué la méthode suivante : *a, b, c, d* (*fig.* 33), est une
lanterne de fer blanc ; n'ayant pour faire
passer la lumière que deux ouvertures rond
de *e*, placées sur deux côtés correspondants, et couvertes par des morceaux minces
du minéral appelé *mica*, ou verre de Mos-
covie; entre ces ouvertures est une bonne

....

(*fig.* 32) là où *l, l*, montrent les lampes, et *m, m*,
les volets dressés qui forment le signe, on comprend
facilement qu'on ne peut, pendant la nuit, lire le signe
425, mais seulement le signe 35, qui n'est formé que
par les lampes; mais on trouve tout de même, par le
signe 35, la syllabe désirée, si on la cherche dans la
rangée de nuit, et on voit en même temps, de l'autre
côté, 425, qui est le signe de jour.

(1) La principale difficulté est de faire le signe dans
plusieurs directions, parce que les mouvements des volets ne produisent pas de changement de l'autre côté des
lampes.

du Télégraphe.

lampe placée de manière à éclairer les deux directions. g, f, h, indiquent des quarts de cercle de fer blanc adaptés à chaque côté de la lanterne, et mobiles sur l'axe h, de sorte qu'ils peuvent, au moyen d'un fil attaché à la branche i, être relevés devant les trous de la lanterne, mais qu'ils retombent par leur propre poids, quand on lâche le fil. Sur l'assemblage vertical ABDC (*fig. 34*) sont fixées dix pareilles lampes dans le même ordre entr'elles que les volets pendant le jour; les fils qui partent de chacune d'elles se réunissent au pied de la machine, d'après les mêmes principes et la même combinaison que dans le Télégraphe de jour: mais comme on a moins de poids et de frottement à vaincre que dans ce dernier, quelle que soit la distance, on peut manœuvrer sans autre secours que celui des mains; cet établissement a, sur le Télégraphe de jour, l'avantage qu'on n'est point obligé de l'élever au-dessus de l'horizon, il demande même d'être plus bas: d'ailleurs, sous tous les rapports, son usage est plus facile, et, réuni à celui-ci, il double l'utilité du Télégraphe.

§ X X X V I I.

Il est connu qu'au milieu du jour on peut voir les étoiles au fond d'un puits profond ; il reste à éprouver si on ne pourrait pas de même, avec le secours de tubes très-longs, voir pendant le jour des lampes, et par-là n'avoir besoin que du seul établissement ci-dessus, ce qui, à plusieurs égards, serait très-avantageux. Au moyen des télescopes équatoriaux de Short et de Ramden, on peut, à midi, observer les étoiles, tout près même du soleil ; ainsi il est assez croyable qu'en excluant toute lumière étrangère, des lampes seraient visibles sur un champ obscur. Dans ce cas, les réflexions que nous avons faites plus haut, au § 27, sur la nature des télescopes, n'ont plus lieu. Ceux qui grossissent le plus seraient préférables, parce qu'ils obscurcissent davantage le champ, sans diminuer beaucoup l'impression de la lumière sur les yeux (1).

---

(1) Les bornes de ce Traité ne me permettent pas de citer différents essais faits sur l'application de la lumière

§ X X X V I I I.

Les sentiments sont partagés sur l'utilité des Télégraphes, et quelques personnes se fondent, pour la contester, sur les variations auxquelles la transparence de l'air est sujete, variations qui restreignent leur usage (1).

à l'usage des Télégraphes pendant la nuit, et sur le rapport qu'il doit alors y avoir entre eux et les télescopes. Je pourrai les donner séparément au public, ainsi que plusieurs autres destinés à étendre cette idée même, à l'usage du jour. Je dois ajouter, en peu de mots, que dans les essais faits sur la mer d'Aland, les signaux de lampe ont été employés avec avantage et sûreté, à trois milles de distance, la grandeur des flammes étant d'un pouce, leur distance entr'elles de 7 pieds, et les télescopes grossissant de 60 fois.

(1) Ces obstacles, et le retard qui en est une suite, sont cependant beaucoup plus rares qu'on ne le croit, sur-tout dans les stations de moyennes distances. Il arrive rarement qu'on soit un jour entier sans voir le Télégraphe, quand il est élevé au-dessus de l'horizon, si ce n'est lorsqu'il pleut ou qu'il neige, et dans les grandes chaleurs de l'été. Au contraire, on a pu s'en ser-

Mais l'art de voir à travers des brouillards
et des ténèbres ne se trouvera sans doute jamais; et on ne saurait contester que la na-
vigation ne soit une science utile, quoique
les vents et les orages la contrarient souvent.
D'autres regardent la dépense des Télégraphes comme trop considérable, en proportion
de leur utilité (1).

vir plusieurs semaines sans interruption; et, pendant
les derniers essais faits des côtes de la mer d'Aland, les
deux Télégraphes y ont correspondu à une distance de
trois milles, ou six lieues, pendant neuf jours, sans
autre interruption que quelques heures de pluie : trois
de ces jours furent marqués par une tempête complète
non interrompue.

(1) Si l'on évalue la moindre distance entre les stations à un demi mille, et la plus grande à trois, la
dépense du Télégraphe avec des plaques en fer à la
porte depuis 10 jusqu'à 75 rixdallers (environ de 20 à
150 écus de France). La dépense pour élever l'établissement au-dessus de l'horizon, modique en quelques
endroits, mais considérable dans d'autres, n'entre pas
dans ce calcul. Des tubes d'une grandeur nécessaire ne
doivent être chers nulle part, puisqu'on n'a égard que

Cependant , outre l'avantage pour tout gouvernement , de pouvoir en moins d'un quart-d'heure, expédier ses ordres dans tout un royaume , et être aussi promptement instruit de ce qui se passe sur les frontières les plus éloignées , c'est en temps de guerre, c'est lorsqu'il survient des événements de la connaissance desquels peut dépendre le salut de plusieurs milliers d'hommes , et qui obligent à prendre des précautions aussi sûres que promptes , c'est alors , dis-je , que l'utilité des Télégraphes devient inappréciable , et que la dépense qu'ils exigent ne peut lui être comparée , sur-tout si l'on considère le temps et les frais de courrier qu'ils mettent à même

(1) Si l'on ....

leur longueur , ni au renversement des objets. Pour voir les Télégraphes au-delà de la mer d'Aland , j'ai trouvé que des tubes de 10 pieds , avec deux verres simples , étaient plus que suffisants; on peut les avoir à Stokholm, pour 9 à 10 rixdallers. L'établissement du Télégraphe français à Lille , a coûté 6000 liv. ou 1000 rixdallers , et , pour les 16 stations 96,000 livres, ou 16,000 rixdallers.

d'épargner (1). J'ajouterai que l'usage de ces machines en France, a donné, pendant la guerre présente, des preuves incontestables de leur utilité.

---

(1) Quand, à la guerre, on a besoin d'établir une prompte communication d'avis entre plusieurs armées, ou divisions d'une même armée, et cela suivant diverses directions, on doit commencer par déterminer les stations, entre les lieux d'où l'on doit correspondre. En cas qu'il se rencontre sur la route quelque forêt dans laquelle il serait trop difficile d'ouvrir des débouchés, on choisit des montagnes, des rochers, des grands arbres. Quand les stations sont trouvées, on doit les disposer de manière à pouvoir facilement y transporter et y établir les Télégraphes. Ceux-ci doivent être portatifs et construits de différentes pièces qu'on peut rassembler ou séparer à volonté; une telle machine sera facilement portée par un cheval ou par deux hommes choisis pour la manœuvre, et rester aux stations. Il est donc nécessaire qu'il y ait à chaque armée un petit corps, ou dans chaque régiment quelques hommes exercés d'avance. Lorsqu'on se sert de machines portatives, la distance entre les stations doit être moindre, et rarement plus grande qu'un mille, ou deux lieues.

§ X X X I X.

C'est proprement de deux manières que cette machine peut être utile : la première, quand il s'agit d'une prompte communication entre deux endroits; la seconde, quand cette communication n'est possible d'aucune autre façon. La poste va de Suède en Finlande en cinq jours ; mais si l'on partage ce chemin en stations télégraphiques, il ne lui faudra que trois ou quatre minutes. La poste serait-elle retardée ou interrompue par les obstacles de la saison, par le défaut de sûreté des lacs, par les vents contraires ou les tempêtes (1), la communication pourrait s'entretenir, soit avec la vîtesse ordinaire de la

---

(1) Quoique dans le paragraphe 52, les tempêtes soient considérées comme nuisant beaucoup au jeu du Télégraphe, on ne doit pas croire cependant qu'elles l'empêchent tout-à-fait ; au contraire, elles sont utiles, à certains égards, parce qu'elles dissipent les ondulations de l'air, sans porter atteinte au dégré de transparence nécessaire dans les observations.

poste, si l'on ne place les stations qu'aux endroits où se rencontrent les principaux obstacles ; comme par exemple sur la mer d'Aland ; soit avec la plus grande vîtesse, si on les place sur toute la longueur du chemin.

Le Télégraphe peut être souvent le seul moyen de faire passer des avis, comme par exemple des bords opposés d'un lac, dont plusieurs accidents rendent la traversée difficile, de l'intérieur d'une place assiégée. Il peut également servir à la communication des phares, des côtes et des ports, avec les vaisseaux qui sont en mer. En certains cas, le Télégraphe pourrait avantageusement remplacer sur mer les signaux de pavillons et de lanterne usités jusqu'à présent, plus lents à changer, moins faciles à distinguer, et plus imparfaits que lui, pour exprimer des phrases (1).

(1) L'usage en serait sur-tout avantageux pour les vaisseaux qui sont à l'ancre. Mais pour ceux qui sont sans voile, leurs mouvements et leurs virements de bord rendraient très-difficile l'établissement de la machine, sa manœuvre et les observations avec les télescopes.

Si l'on établissait une suite de Télégraphes
sur une longue route, et dans plusieurs directions, les déserteurs ne pourraient éviter
d'être pris, et cet arrangement, adapté à
l'usage des particuliers, serait, dans les
affaires de commerce, dans les assurances,
par exemple, d'une utilité qui dédommage-
rait de tous les frais (1); enfin, à la campagne
on pourrait aussi, en employant des Télégraphes, entretenir entre voisins une correspondance aussi utile qu'amusante (2).

(1) La correspondance privée peut se faire de la manière suivante : Deux personnes conviennent ensemble de
certains changements dans la table des chiffres, inconnus
à d'autres qu'à elles, après quoi elles écrivent, selon
la table ordinaire de chiffres, la dépêche et son adresse,
et la remettent au comptoir de poste, qui la communique
à la station télégraphique la plus proche, d'où elle est
envoyée à tous les Télégraphes successivement, sans que
personne en connaisse le contenu.

(2) Pour cet objet, et lorsqu'il ne s'agit pas de plusieurs stations intermédiaires, il est moins nécessaire
d'élever le Télégraphe au-dessus de l'horizon; les volets peuvent être blancs contre un toit noir, ou noirs

§ X L.

§ X L.

La physique recueillerait, selon toutes les
apparences, beaucoup de fruits de ces éta-
blissements. Chaque Télégraphe est un véritable observatoire, qui, au moyen de quelques instruments, et avec les connaissances
nécessaires chez celui qui gouverne les Télégraphes, pourrait enrichir les sciences de nouvelles découvertes. Les connaissances sur
l'effet de la réfraction de l'air s'étendraient
par des expériences journalières ; la météo-
rologie, cette partie de la physique la moins
cultivée, et peut-être la plus difficile, s'enri-
chirait de découvertes sur l'influence que le
chaud et le froid, l'humidité, les orages,
les changements de temps, les brouillards,
la neige et la pluie, ainsi que plusieurs autres
météores ont sur la transparence de l'air ; une
comparaison journalière des indications don-

contre un mur blanc. La grandeur de la machine et la
qualité du télescope dont on doit se servir se mesurent
d'après la distance,

nées par le baromètre, l'hygromètre, l'anamomètre (1), l'électromètre avec celles du
diaphamomètre de M. de Saussure (2), et du
cyanomètre (3), pourrait peut-être, avec le
temps, conduire à des résultats inattendus.

§ X L I.

En augmentant le nombre des carreaux
du Télégraphe, et ses combinaisons de manière que le signe exprimât des idées, au
lieu de lettres et de syllabes, il serait non
seulement possible de rendre, par un seul
signal, une ou plusieurs phrases, sans qu'elles
fussent auparavant déterminées, comme dans
les signaux de mer, mais encore toutes les

(1) L'anamomètre, en l'employant à cet usage, devrait montrer en même temps, au premier coup-d'œil,
combien de poids on doit ajouter ou retrancher aux volets, pour les mettre en équilibre avec la force du
vent.

(2) *Essais sur l'Hygrométrie*, § 371.

(3) *Voyez* la description de cet instrument dans les
Observations sur la Physique et sur l'Histoire Naturelle,
par Rosier. 1791, mars, pag. 199.

combinaisons et les modifications d'idées que les circonstances nécessitent chaque fois. On pourrait créer de même une sorte de langue universelle, au moyen de laquelle les hommes de toutes les 'nations pourraient se parler, sans comprendre pour cela la langue particulière à chacun d'eux (1).

§ X L I I.

Les premiers essais faits en grand sur le Télégraphe eurent lieu entre Drottningholm et Stockholm , le 30 octobre et le premier novembre 1794 (2); le 30 août et le 18 octobre

---

(1) On joindrait toujours à cette machine à paroles , si je puis m'exprimer ainsi , une table de chiffres ou un dictionnaire pour traduire les signes dans chaque langue.

(2) Voyez *Inrikes Tidningen* et *Hamb. Corresp.* (les gazettes de Stockholm et de Hambourg) pour 1794, ainsi que le journal *der Manufactur und Handlung*, pour décembre de la même année.

Le premier novembre , qui était le jour de la naissance du roi, le Télégraphe envoya de Stockholm à Drottningholm , un quatrain suédois dont voici le sens :

En offrant au roi les vœux d'un peuple dont l'amour fait la gloire , ce nouvel interprète consacre à jamais son utilité.

1795. Ces essais furent faits en présence du roi, du régent et de toute la cour (1). Beaucoup d'autres ont été faits dans ce même temps entre les stations établies autour de la capitale (2). Ces stations sont 1º l'église Sainte-Catherine, station principale de Stockholm; on correspond de là avec Drottningholm, Carlberg, et les forteresses de Frédériksborg et de Vaxholm (3). Trois Télégraphes ont été élevés dans le printemps de 1796, et servent à la correspondance des deux bords de la mer d'Åland, depuis le comptoir de poste de Grisselhamn jusqu'au rocher de Sig-

---

(1) Plusieurs étrangers, Anglais et Français, ont été témoins de ces essais.

(2) Dans tous ces essais j'ai été aidé avec autant d'amitié que d'intelligence par M. Ofverbom, premier ingénieur du comptoir d'arpentage.

(3) Il y a de Stockholm à Drottningholm: ... 1 mille
De la même ville à Frédériksborg, au moyen d'une station intermédiaire dont on pourrait se passer . . . . 2 $\frac{1}{2}$ Dº
De Stockholm à Carlberg . . . . $\frac{1}{4}$ Dº
De Frédériksborg à Waxholm. . . . . $\frac{1}{2}$ Dº

nilskaer, environ trois mille et un quart (1),
et de là au comptoir de poste d'Eckeroe,
éloigné d'un mille et demi. La communication
pourrait s'étendre, d'un côté, depuis Grisselhamn jusqu'à Stockholm (2), par Frédériksborg, au moyen de quatre ou cinq stations intermédiaires ; et, de l'autre côté, depuis Eckeroe jusqu'en Finlande, ou à Abo,
au moyen de six ou de sept.

_____

(1) Cette distance est la plus grande dont on se soit encore servi entre deux stations. Trois milles et un quart de
Suède, ou 117,000 pieds suédois est $= 4\frac{2}{5}$ d'Allemagne,
$= 8\frac{1}{8}$ de France, 23 milles anglais, et 35 verstes de
Russie.

(2) De Stockholm à Grisselhamn on compte $11\frac{1}{5}$
milles ; et de là à Abo $30\frac{3}{4}$, en tout $47\frac{1}{5}$. La direction
télégraphique entre ces lieux sera probablement plus
courte, quoique à cause des hauteurs elle ne puisse
toujours suivre une direction droite.

M. Ofverbom ayant, par ordre de sa majesté, fait des
recherches à cet égard, a trouvé qu'il serait plus à propos de placer les stations de Frédériksborg à Grisselhamn,
sur l'isle de Nyboda · · · · · · · · · · · $1\frac{1}{4}$ milles.
A Furusund. · · · · · · · · · · · · · $2\frac{3}{4}$
Sur la tour de Arholma · · · · · · · · $2\frac{1}{2}$
D'où on compte jusqu'à Grisselhamn · · · $2\frac{3}{4}$

§ X L I I I.

Ce Traité était prêt pour l'impression, quand je reçus de Londres une gravure représentant la vue du Télégraphe qui y avait été élevé sur l'hôtel de l'Amirauté, au mois de février 1796. Je crois inutile d'en insérer ici la description, attendu que chacun, en se représentant une grille avec six volets très-près les uns des autres, peut la concevoir, ainsi que la combinaison de ses signes. Cet établissement ressemble, quant aux volets, au Télégraphe que nous avons décrit précédemment, et qui fut proposé et exécuté en 1794 (1), mais en diffère beaucoup pour tout le reste. Les autres Télégraphes ont ordinairement un signe pour chaque lettre; celui-ci semble exiger deux signes pour chacune, et agit par conséquent le double plus lentement que les Télégraphes ordinaires, et six fois plus lentement que ceux qui dési-

_____

(1) *Voyez* ci-dessus, § 6.

guent par un seul signe des syllabes de trois
ou quatre lettres. Le nombre naturel des signes est, pour cette machine, 64 : mais,
veut-on, au moyen de combinaisons suc-
cessives de plusieurs signaux, composer de
nouveaux signes, leur nombre, sur ce Télégraphe comme sur tous les autres, devient
infini. Dans le Télégraphe anglais, les situations de la machine n'étant pas exprimées
par des signes, on est obligé de se rappeler
leur signification, ou de consulter la table
entre chaque observation de signes, ce qui
cause des difficultés et entraîne des méprises.
Comme cette machine, dont la composition
intérieure nous est inconnue, ne paraît pas
établie de façon à laisser voir le ciel à travers, et que les volets sont trop près les uns
des autres, on doit, dans un temps nébu-
buleux, et même dans un temps clair, vu
les ondulations de l'air, éprouver de grandes
difficultés à s'en servir. Des gazettes plus ré-
centes ont appris que ce Télégraphe avait été
démonté, parce qu'il n'était possible de

s'en servir que vingt-cinq jours au plus dans l'année. J'ignore si on en a depuis élevé un autre en place de celui-là.

§ X L I V.

Je ne crois pas devoir, dans ce Traité, ajouter différentes choses pour expliquer séparément chaque partie de cette machine; quel doit être l'emplacement des Télégraphes; leur construction suivant les lieux, et leurs destinations ; quelle est la manière de les employer, conformément aux événements qui surviennent dans la correspondance ; comment on peut abréger le temps (1) et exercer les gens qui doivent en faire le service ; parce

(1) Des différentes manières qu'il y a d'abréger, je n'en citerai qu'une. On peut , par exemple , dater une lettre avec un seul signe, en convenant que les chiffres de la table, depuis 000 jusqu'à 036, expriment les jours du mois de janvier , de 0400 à 074, ceux de février, de 100 à 136, ceux de mars , etc.

TABLE TÉLÉGRAPHIQUE DE CHIFRES.

Colonne 000

№	entrée	№ rev.
000	. . .	777
001	1	776
002	2	775
003	A. a	774
004	3	773
005	ab	772
006	ac	771
007	Fin du mot.	770
010	4	767
011	ad	766
012	af	765
013	al	764
014	an	763
015	ap	762
016	après.	761
017	ar	760
020	5	757
021	au	756
022	aux.	755
023	B.	754
024	ba	753
025	bai	752
026	ban	751
027	bar	750
030	bau	747
031	be	746
032	beau	745
033	bel	744
034	ben	743
035	ber	742
036	beu	741
037	bi	740
040	6	737
041	bien	736
042	bla	735
043	blan	734
044	ble	733
045	bleu	732
046	blo	731
047	blu	730
050	bo	727
051	boi	726
052	bon	725
053	bor	724
054	bou	723
055	bra	722
056	bre	721
057	bri	720
060	bro	717
061	bron	716
062	brou	715
063	bru	714
064	bu	713
065	(·)	712
066	(;)	711
067	bui	710
070	C.	707
071	ca	706
072	cai	705
073	cal	704
074	cam	703
075	can	702
076	car	701
077	vite	700

Colonne 100

№	entrée	№ rev.
100	7	677
101	cau	676
102	ce	675
103	cein	674
104	cen	673
105	cent	672
106	cer	671
107	ces	670
110	cet	667
111	cha	666
112	chai	665
113	cham	664
114	chan	663
115	changes	662
116	char	661
117	chau	660
120	che	657
121	cher	656
122	chi	655
123	chiffre	654
124	cho	653
125	chou	652
126	chu	651
127	ci	650
130	cin	647
131	cir	646
132	cla	645
133	clai	644
134	clau	643
135	che	642
136	cli	641
137	clo	640
140	clou	637
141	co	636
142	coi	635
143	cois	634
144	com	633
145	con	632
146	cor	631
147	cou	630
150	cra	627
151	cre	626
152	cri	625
153	cru	624
154	cu	623
155	D	622
156	da	621
157	dan	620
160	dans	617
161	dau	616
162	dau	615
163	de	614
164	den	613
165	der	612
166	di	611
167	dir	610
170	di	607
171	dir	606
172	do	605
173	don	604
174	dont	603
175	dou	602
176	dra	601
177	dre	600

Colonne 200

№	entrée	№ rev.
200	8	577
201	dri	576
202	dro	575
203	droi	574
204	droit	573
205	du	572
206	E	571
207	eau	570
210	em	567
211	en	566
212	er	565
213	est	564
214	eu	563
215	F	562
216	fa	561
217	fac	560
220	fai	557
221	fan	556
222	far	555
223	fau	554
224	fel	553
225	fer	552
226	fe	551
227	haut le discours.	550
230	fi	547
231	fir	546
232	fla	545
233	flan	544
234	fle	543
235	fleu	542
236	fli	541
237	flo	540
240	flu	537
241	fo	536
242	foi	535
243	fon	534
244	for	533
245	fou	532
246	fra	531
247	frai	530
250	fran	527
251	fre	526
252	frer	525
253	fri	524
254	froi	523
255	fron	522
256	fru	521
257	fu	520
260	fui	517
261	G	516
262	ga	515
263	gan	514
264	gar	513
265	gau	512
266	gauche	511
267	ge	510
270	gen	507
271	ger	506
272	erreur	505
273	gi	504
274	gin	503
275	gir	502
276	gla	501
277	gle	500

Colonne 300

№	entrée	№ rev.
300	gli	477
301	glo	476
302	gloi	475
303	glu	474
304	go	473
305	gon	472
306	gra	471
307	gran	470
310	grand	467
311	gre	466
312	gri	465
313	gro	464
314	gru	463
315	gu	462
316	gue	461
317	gui	460
320	H	457
321	ha	456
322	hai	455
323	han	454
324	haut	453
325	he	452
326	her	451
327	hi	450
330	ho	447
331	hon	446
332	hor	445
333	hou	444
334	lu	443
335	lui	442
336	T	441
337	ta	440
340	il	437
341	im	436
342	in	435
343	ir	434
344	J	433
345	ja	432
346	jum	431
347	jan	430
350	jar	427
351	jau	426
352	je	425
353	jen	424
354	jo	423
355	joi	422
356	joiu	421
357	jou	420
360	jour	417
361	ju	416
362	L	415
363	la	414
364	lan	413
365	lar	412
366	lau	411
367	le	410
370	le	407
371	les	406
372	ler	405
373	leu	404
374	lentement.	403
375	leu	402
376	li	401
377	lin	400

Colonne 400

№	entrée	№ rev.
400	9	377
401	lir	376
402	lo	375
403	loi	374
404	lon	373
405	lou	372
406	lu	371
407	lui	370
410	lun	367
411	M	366
412	ma	365
413	mai	364
414	main	363
415	man	362
416		361
417	mar	360
420	mau	357
421	me	356
422	men	355
423	mer	354
424	meu	353
425	mi	352
426	mille	351
427	min	350
430	mir	347
431	mo	346
432	moi	345
433	mon	344
434	mor	343
435	mou	342
436	mu	341
437		340
440	na	337
441	na	336
442	nan	335
443	nar	334
444	nau	333
445	ne	332
446	nen	331
447	ner	330
450	neu	327
451	ni	326
452	nis	325
453	nir	324
454	no	323
455	noi	322
456	non	321
457	non	320
460	nor	317
461	nos	316
462	notre	315
463	nou	314
464	nous	313
465	nu	312
466	nuit	311
467	o	310
470	ob	307
471	œ	306
472	œu	305
473	oi	304
474	on	303
475	on	302
476	or	301
477	ou	300

Colonne 500

№	entrée	№ rev.
500	P	277
501	pa	276
502	pai	275
503	pan	274
504	par	273
505	pas	272
506	pau	271
507	pe	270
510	pen	267
511	pein	266
512	per	265
513	peu	264
514	peut	263
515	pi	262
516	pie	261
517	pin	260
520	pir	257
521	pla	256
522	plai	255
523	plain	254
524	plan	253
525	attendez	252
526	plau	251
527	ple	250
530	plein	247
531	pler	246
532	pleu	245
533	pli	244
534	plic	243
535	plo	242
536	plon	241
537	plu	240
540	plus	237
541	po	236
542	poi	235
543	point	234
544	pois	233
545	pom	232
546	pon	231
547	por	230
550	pou	227
551	pour	226
552	pra	225
553	pre	224
554	pren	223
555	pret	222
556	attention bas.	221
557	attention haut.	220
560	pri	217
561	prin	216
562	pro	215
563	proie	214
564	prou	213
565	pu	212
566	Q	211
567	qua	210
570	quan	207
571	quand	206
572	quan	205
573	quar	204
574	que	203
575	quel	202
576	quer	201
577	qui	200

Colonne 600

№	entrée	№ rev.
600	quin	177
601	quoi	176
602	R	175
603	ra	174
604	rai	173
605	ran	172
606	rar	171
607	re	170
610	ren	167
611	rer	166
612	reu	165
613	ri	164
614	rien	163
615	rier	162
616	rir	161
617	ris	160
620	ro	157
621	rom	156
622	ron	155
623	rou	154
624	ru	153
625	rus	152
626	S	151
627	sa	150
630	sai	147
631	san	146
632	sans	145
633	sau	144
634	se	143
635	secours	142
636	sen	141
637	ser	140
640	seu	137
641	si	136
642	sir	135
643	so	134
644	soi	133
645	som	132
646	son	131
647	su	130
650	sub	127
651	suc	126
652	sud	125
653	sui	124
654	sur	123
655	sus	122
656	T	121
657	ta	120
660	tai	117
661	tal	116
662	tam	115
663	tan	114
664	tant	113
665	tar	112
666	tas	111
667	tau	110
670	tant	107
671	tar	106
672	tau	105
673	te	104
674	tei	103
675	tein	102
676	Télégraphe	101
677	tel	100

Colonne 700

№	entrée	№ rev.
700	fin du discours.	077
701	tem	076
702	ten	075
703	ter	074
704	tes	073
705	teu	072
706	to	071
707	répétez	070
710	toi	067
711	tom	066
712	ton	065
713	tor	064
714	tou	063
715	tour	062
716	trem	061
717	tout	060
720	tra	057
721	trai	056
722	bas le discours.	055
723	tran	054
724	tre	053
725	trei	052
726	trem	051
727	tren	050
730	trer	047
731	tri	046
732	trom	045
733	tron	044
734	tro	043
735	trou	042
736	tru	041
737	tur	040
740	tur	037
741	U	036
742	un	035
743	V	034
744	va	033
745	vai	032
746	van	031
747	var	030
750	vau	027
751	ve	026
752	ven	025
753	ver	024
754	vi	023
755	attention bas	022
756	vir	021
757	invisible	020
760	vo	017
761	voi	016
762	voyes	015
763	votre	014
764	vou	013
765	vous	012
766	vu	011
767	x	010
770	lentement	007
771	y	006
772	z	005
773		004
774		003
775		002
776		001
777	.	000

Fig. 1.

Fig. 2.

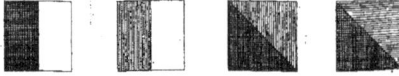

Fig. 3.

Fig. 5.

Fig. 4.

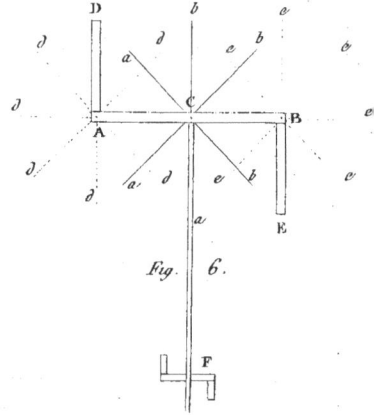

Fig. 6.

Fig. 7.

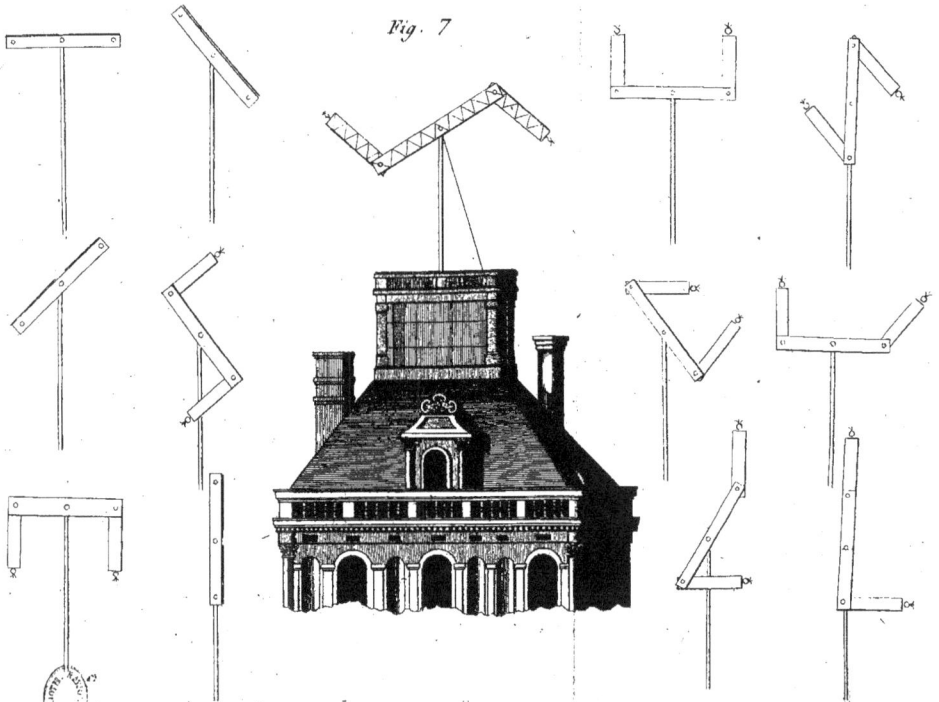

Fig. 8.

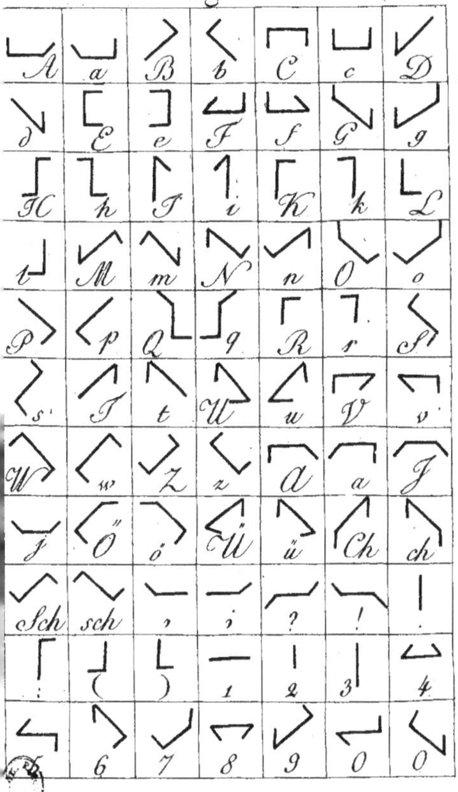

A	a	B	b	C	c	D	
d	E	e	F	f	G	g	
H	h	I	i	K	k	L	
l	M	m	N	n	O	o	
P	p	Q	q	R	r	S	
s	T	t	U	u	V	v	
W	w	Z	z	Ä	ä	J	
j	Ö	ö	Ü	ü	Ch	ch	
Sch	sch	,	;	?	!	:	
.	(	)	1	2	3	4	
5	6	7	8	9	0	0	

Fig. 9.

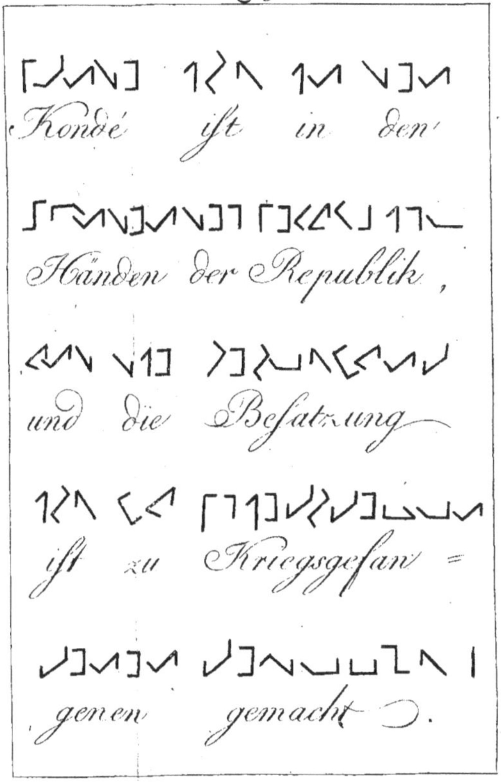

Condé ist in den

Händen der Republik,

und die Besatzung

ist zu Kriegsgefan =

genen gemacht.

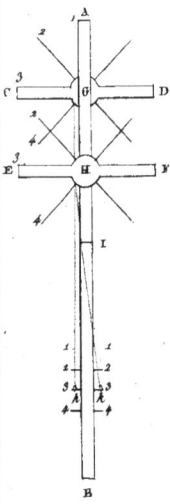

Fig. 10

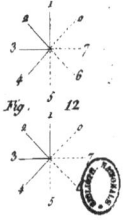

Fig. 12

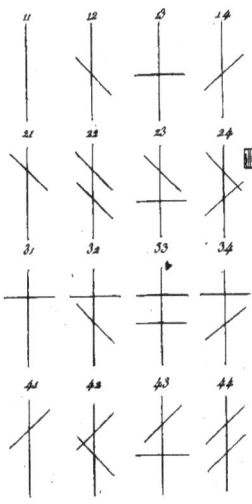

Fig. 11

Fig. 13

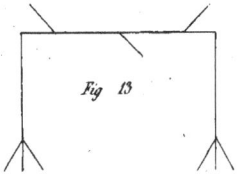

Fig. 14

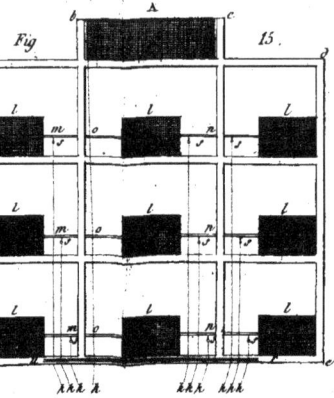

Fig. 15

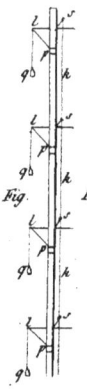

Fig. 16

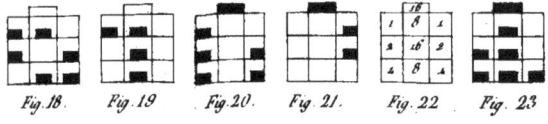

Fig. 18 Fig. 19 Fig. 20 Fig. 21 Fig. 22 Fig. 23

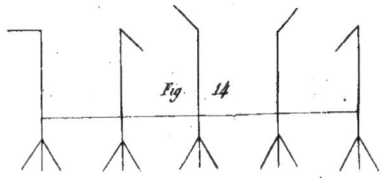

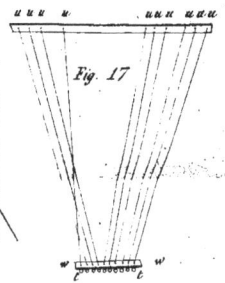

Fig. 17

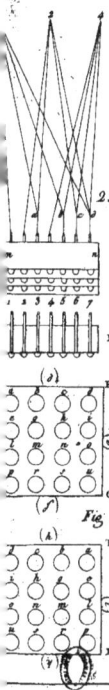

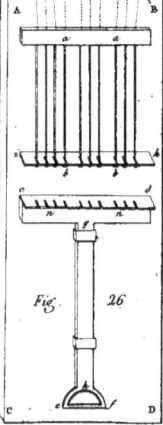

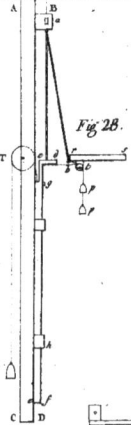

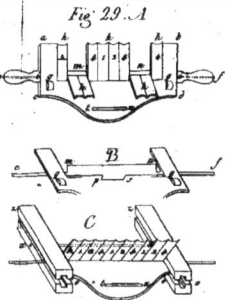

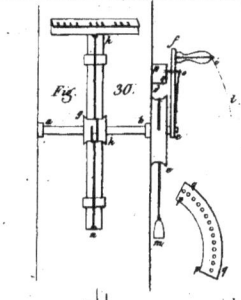

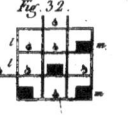

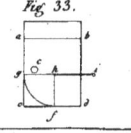

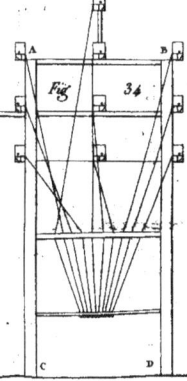

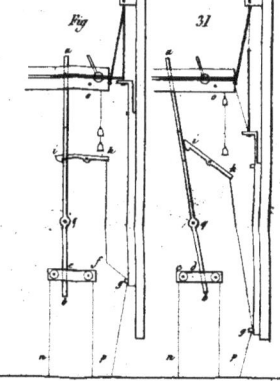

Fig. 25

Fig. 26

Fig. 27

A 156

375

Fig. 24

Fig. 28

Fig. 29. A

B

C

Fig. 30

Fig. 31

Fig. 32

Fig. 33

Fig. 34

que chacun pourra facilement y suppléer par la pratique (1). — (a).

---

(1) Quelques soldats , choisis dans les différents régiments à Stockholm, sont exercés à la manœuvre des Télégraphes , et forment à part une sorte de compagnie télégraphique.

(a) Une seule note que j'ai omise en sa place, peut la retrouver ici. Souvent lorsqu'en des jours sereins , on passe du grand air dans un observatoire télégraphique, on ne voit d'abord qu'imparfaitement dans les tubes , mais très-clairement quelques instants après. Ce n'est pas que toujours , dans cet intervalle , l'air soit devenu plus pur ; mais l'œil , éprouvant un changement , devient plus propre à l'impression d'une faible lumière ; et , pour cette raison , on ne doit se hâter de décider sur la possibilité de voir ou de ne pas voir d'abord les mouvements du Télégraphe.

F I N.

TABLE
DES MATIÈRES.

Fin de la Table des Matières.

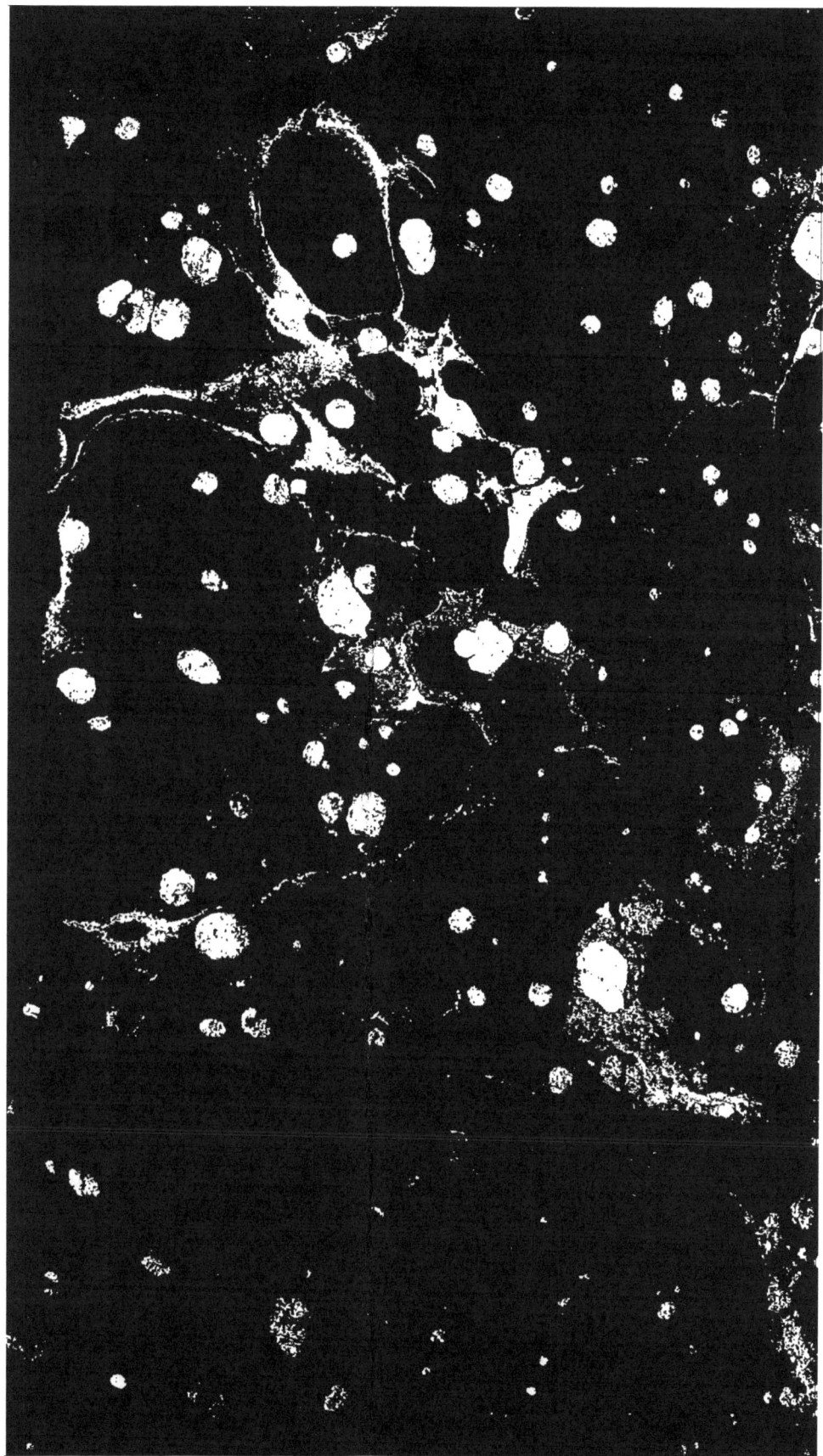

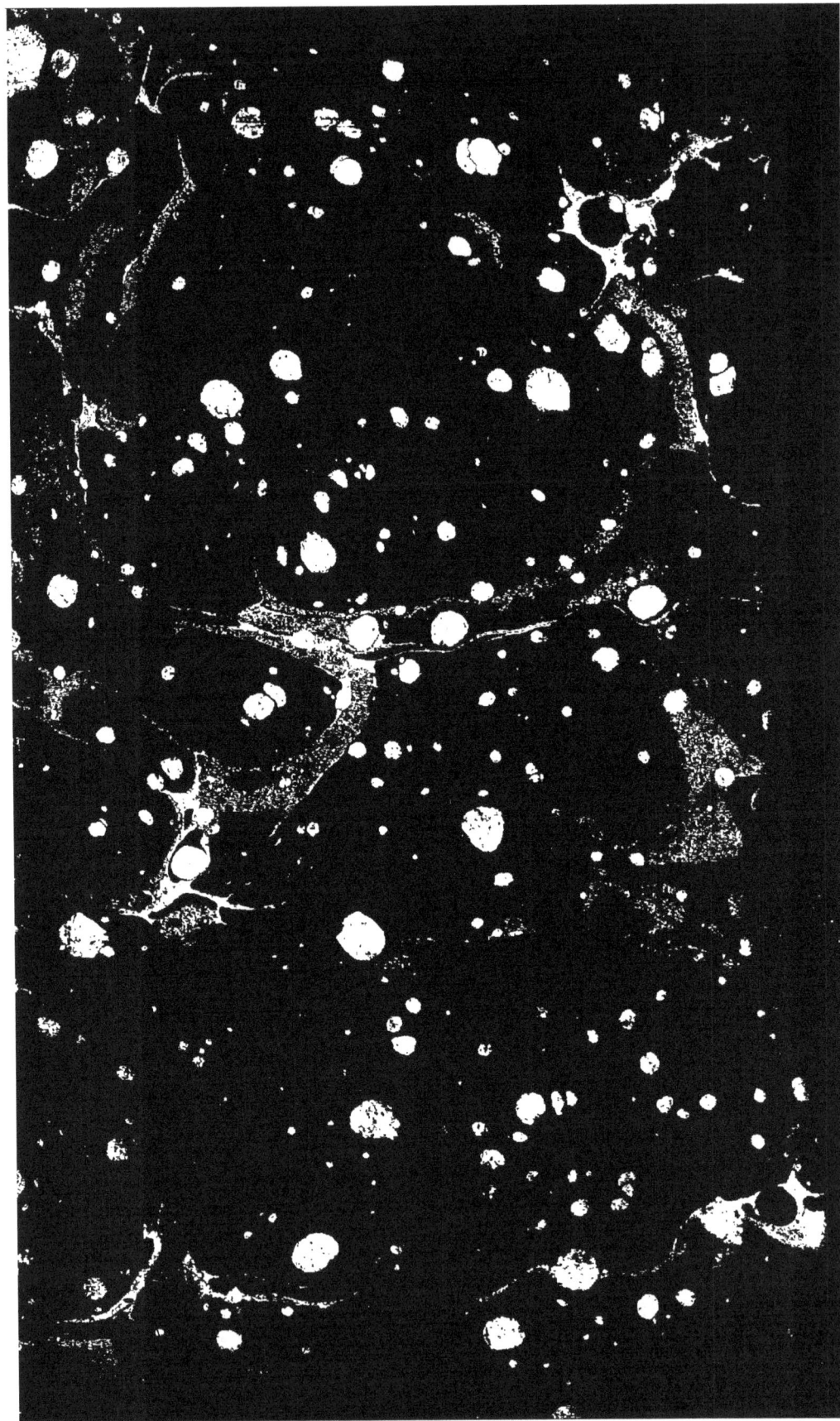

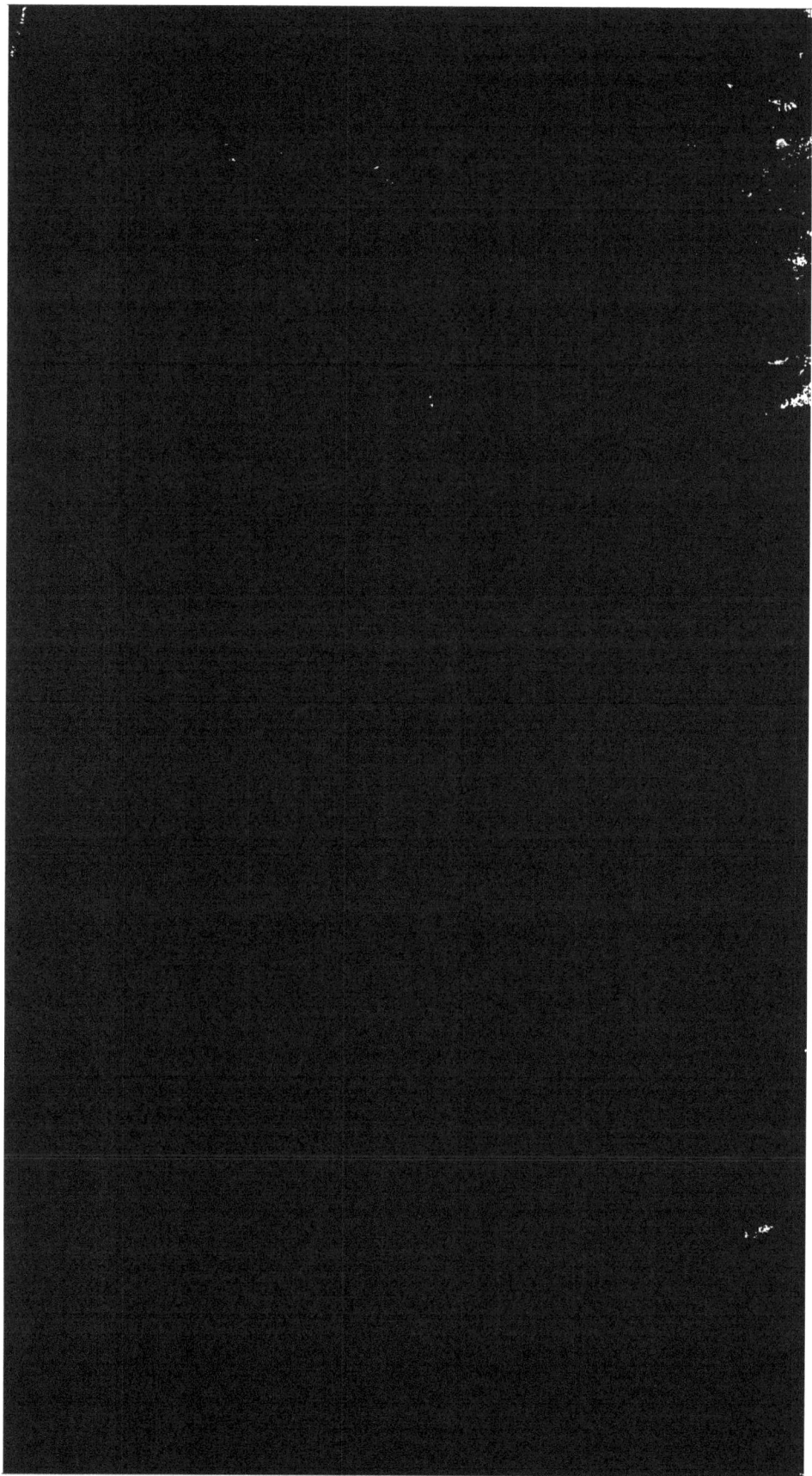

www.ingramcontent.com/pod-product-compliance
Lightning Source LLC
Chambersburg PA
CBHW062018200326
41519CB00017B/4837